D0850870

PHOTOGRAPHIES HONGROISES

DES ROMANTISMES AUX AVANT-GARDES

HUNGARIAN PHOTOGRAPHS

ROMANTICISM TO AVANT-GARDE

MUSÉE DE LA VIE ROMANTIQUE, PARIS

24 JUILLET - 28 OCTOBRE 2001

JULY 24 - OCTOBER 28, 2001

Avec le soutien de Magyart,
Saison hongroise en France
(juin - décembre 2001)
With the support of Magyart,
Saison Hongroise en France
(June – December 2001)

PARIS musées

COMITÉ D'HONNEUR / *HONORARY COMMITTEE*

Hubert Védrine
Ministre des Affaires étrangères
French Foreign Minister

Catherine Tasca
Ministre de la Culture et de la Communication
French Minister of Culture and Communication

Zoltan Rockenbauer
Ministre de la Culture et du Patrimoine national de Hongrie
Hungarian Minister of Culture and National Artistic Heritage

Bertrand Delanoë
Maire de Paris
Mayor of Paris

Gábor Demszky
Maire de Budapest
Mayor of Budapest

Paul Poudade
Ambassadeur de France en Hongrie
French Ambassador to Hungary

Dezsö Kékessy
Ambassadeur de Hongrie en France
Hungarian Ambassador to France

Christophe Girard
Adjoint au maire de Paris, chargé de la Culture
Deputy Mayor for Cultural Affairs, Paris

Pierre Schapira
Adjoint au maire de Paris, chargé des Relations
internationales et de la Francophonie
Deputy Mayor for International and Francophone Affairs

János Schiffer
Adjoint au maire de Budapest, chargé de la Culture
Deputy Mayor for Cultural Affairs, Budapest

Jean Gautier
Directeur des Affaires culturelles de la Ville de Paris
Director of Cultural Affairs for the City of Paris

Robert Lion
Président de l'Association française d'action artistique
President, Association Française d'Action Artistique

Bernard Faivre d'Arcier
Commissaire général de Magyart, Saison hongroise en France
Curator, Magyart, Saison Hongroise en France

Miklós Szabó
Commissaire général de Magyart, Saison hongroise en France
Curator, Magyart, Saison Hongroise en France

Édouard de Ribes
Président de Paris-Musées
President, Paris-Musées

COMITÉ D'ORGANISATION / *ORGANIZING COMMITTEE*

Stanislas Pierret
Conseiller culturel près de l'ambassade de France en Hongrie,
Directeur de l'Institut français de Budapest
Cultural Counsel, the French Embassy in Hungary
Director, Institut Français de Budapest

Sándor Csernus
Conseiller culturel près de l'ambassade de Hongrie en France,
Directeur de l'Institut hongrois à Paris
Cultural Counsel, the Hungarian Embassy in France
Director, Institut Hongrois à Paris

Olivier Poivre d'Arvor
Directeur de l'Association française d'action artistique
Director, Association Française d'Action Artistique

Rita Rubovszky
Directrice de Hungarofest
Director, Hungarofest

Emmanuel Daydé
Directeur adjoint des Affaires culturelles de la Ville de Paris
Deputy Director of Cultural Affairs, City of Paris

Carole Prat
Responsable des Relations internationales
Direction des Affaires culturelles de la Ville de Paris
International Relations Liaison, Cultural Affairs Department,
City of Paris

Aimée Fontaine
Directeur de Paris-Musées
Director, Paris-Musées

Daniel Marchesseau
Conservateur général du patrimoine
Directeur du musée de la Vie romantique
General Curator
Director, Musée de la Vie Romantique

COMMISSARIAT / *CURATORIAL COMMITTEE*

Károly Kincses
Directeur du musée hongrois de la Photographie, Kecskemét
Director, Hungarian Museum of Photography, Kecskemét

Anne Cartier-Bresson
Conservateur
Directeur de l'Atelier de restauration et de conservation
des photographies de la Ville de Paris (ARCP)
Curator
Director, Atelier de Restauration et de Conservation
des Photographies de la Ville de Paris (ARCP)

Catherine de Bourgoing
Adjoint au directeur du musée de la Vie romantique
Assistant Director, Musée de la Vie Romantique

Avec la participation de / *With the participation of*

Magdolna Kolta
Conservateur au musée hongrois de la Photographie,
Kecskemét
Curator, Hungarian Museum of Photography,
Kecskemét

Ragounathe Coridon, Stéphanie Foubert, Daniel Lifermann,
Georges Monni, Jocelyne Royan, Sandra Saïd, Carole Troufléau
Atelier de restauration et de conservation des photographies
de la Ville de Paris (ARCP)

Laurence Contamines, Céline Poirier
Musée de la Vie romantique

REMERCIEMENTS / *ACKNOWLEDGEMENTS*

Les organisateurs tiennent à dire leur vive gratitude à tous
ceux qui se sont associés à cette exposition,
et en particulier à l'ensemble des collaborateurs de :
We would also like to express our gratitude to all those
involved in the coordination of this exhibition, and particularly
the following collaborators:

Service communication de la direction des Affaires culturelles
de la Ville de Paris
The communications department of the Cultural Affairs
Department, City of Paris

AFAA (Association française d'action artistique)

Paris-Musées

Ateliers de la Ville de Paris

Cette exposition est produite par Paris-Musées
This exhibition was produced under the auspices
of Paris-Musées

Les photographies présentées à l'exposition
Photographies hongroises.
Des romantismes aux avant-gardes,
et reproduites dans cet ouvrage,
proviennent du musée hongrois de la Photographie,
Kecskemét.

The photographs presented in the exhibition
Hungarian Photographs:
Romanticism to Avant-Garde
and reproduced in this catalogue come from
the collection of the Hungarian Museum of Photography,
Kecskemét.

While getting inspiration from European artists and intellectuals with whom they were in more or less close contact, Hungarian photographers from 1880 to 1930 developed a strong national identity. The exhibition *Hungarian Photographs: Romanticism to Avant-Garde* amply demonstrates the characteristics and strengths of these generations of photographers who prepared the way for the more internationally famous names of modern Hungarian photography—Moholy-Nagy, Kertész and Brassaï.

Until recently these trailblazing photographers, professors and disciples, as well as their work, were little known outside their home country, largely due to political and economic predicaments. Their long-ignored and highly creative art represents one of the finest expressions of Hungarian modernity. The energy and courage with which the photographers confronted historical circumstances forged a certain sensibility, if not a "school." From today's perspective, some of the common characteristics of these artists and chroniclers include a willful absence of politicized perspectives, an economy of formal resources, and a pared-down poetics conveyed in sepia tones and silver salt.

This exhibition has been organized as part of the "Saison Hongroise" by the Association Française d'Action Artistique and the Direction des Affaires Culturelles de la Ville de Paris, in conjunction with the sympathetic support of Robert Lacombe, Assistant Director of the Institut Français de Budapest. The selection of photographs shown at the Musée de la Vie Romantique was made by Károly Kincses, director of the Hungarian Museum of Photography, in collaboration with Anne Cartier-Bresson and Catherine de Bourgoing, and the participation of Magdolna Kolta.*Hungarian Photographs: Romanticism to Avant-Garde* is the first photographic exhibition ever to be held at the Musée de la Vie Romantique, and attests to the exceptional conservation treatments of the ARCP (Atelier de Restauration et de Conservation des Photographies de la Ville de Paris).

I wish to express my gratitude to all those involved, including Adam Biro, who is the Budapest-born Parisian publisher of this catalogue.

Daniel Marchesseau

Guidés par les contacts qu'ils n'ont cessé d'entretenir avec toute l'intelligentsia euro-péenne depuis la fin du XIXe siècle, les photographes hongrois actifs pendant les années 1880-1930 ont révélé une identité magyare forte à travers les prismes multiples d'une *camera oscura* dont ils ont maîtrisé rapidement les techniques. Aussi bien l'exposition *Photographies hongroises. Des romantismes aux avant-gardes* devrait-elle permettre de découvrir ces premiers artistes, grâce auxquels s'illustreront quelques années plus tard les noms emblématiques de la photographie hongroise moderne, tels Moholy-Nagy, Kertész ou Brassaï, qui n'entrent pas dans notre propos.

Ces pionniers, professeurs et disciples, faute souvent d'avoir pu voyager, n'ont guère été reconnus hors de leur terre natale, jusqu'à une période récente. Les douloureuses crises politiques et économiques auxquelles la Hongrie fut confrontée pendant des décennies ont longtemps occulté l'intensité créatrice de foyers intellectuels novateurs. Or, la photographie a été l'un des modes d'expression les plus féconds de l'âme hon-groise aux sources de notre temps. Les affrontements historiques, éprouvés avec éner-gie et courage, ont ainsi modelé des sensibilités riches qui cristallisent, avec le recul, un style neuf — sinon une école — aux tons sépia et de sels d'argent : dénuement volontaire d'un vocabulaire engagé, économie des ressources formelles, dépouillement d'une poétique exigeante sont la marque commune de ces artistes et chroniqueurs tels qu'ils apparaissent aujourd'hui.

Organisée à l'initiative de l'Association française d'action artistique et de la direction des Affaires culturelles de la Ville de Paris, dans le cadre de la Saison hongroise, cette manifestation a bénéficié du soutien amical de Robert Lacombe, directeur adjoint de l'Institut français à Budapest. Ainsi le musée de la Vie romantique peut-il donner à voir cette sélection d'œuvres choisies par Károly Kincses, directeur du musée hongrois de la Photographie, en collaboration avec Anne Cartier-Bresson et Catherine de Bourgoing, et avec la participation de Magdolna Kolta. Cette exposition de photogra-phies, la première à avoir lieu dans les ateliers de l'hôtel Scheffer-Renan, présente aussi le résultat exemplaire d'une campagne de restauration menée par l'ARCP (Atelier de restauration et de conservation des photographies de la Ville de Paris). À toutes et à tous, je voudrais dire ma gratitude, sans oublier Adam Biro, éditeur parisien originaire de Budapest.

Daniel Marchesseau

The Generation of 1900

On June 8, 1867, a procession set out from the Buda Castle for Matthias Church in order to crown the Austrian Hapsburg Franz Josef king of Hungary in the presence of Count Gyula Andrássy, the head of the new Hungarian government. So began the era known as the Compromise, with the Austro-Hungarian monarchy holding executive power and the Hungarian minister as parliamentary head. The Compromise was the outcome of the short-lived reforms of the Revolution of 1848, and established the lines along which modern Hungary would develop. Under the stately dome of the parliament building, twenty-nine years later, on January 1, 1896, Emperor Franz Joseph I inaugurated festivities to celebrate of the thousand-year anniversary of Hungarian presence in the Carpathian basin. A vast Budapest Millennium Exposition, whose 24,174 exhibits and displays prefigured the gigantic Paris International Exposition of 1900, evinced Hungary's dedication to modernity and technological progress. Budapest was evolving into a large capital. The separate communities on the Buda hills and the plains of Pest had joined to form one city centered around the majestic Danube in 1873. In a century the population had increased tenfold. In the decade between 1890 and 1900 it had grown forty percent, with Magyar recognized as the official language. The leading aristocratic and upper-class families were diligently building up the commercial, financial and industrial sectors of the city and the country as a whole. With its infrastructure of banks and train stations, tramway, subway and telephone systems, well-lit boulevards and Danube navigation, Budapest was the sixth largest city in Europe on the eve of World War I. The number of schools in the city doubled between 1875 and 1900 under the educational and cultural ministry's Baron József Eötvös and his successors, to reach a level comparable to those in Western Europe. The relative openness of the city enabled its citizens to travel, and young photographers often spent time abroad. József Pécsi studied at the Munich Academy of Photography, and Rudolf Balogh, at the Vienna Institute for Higher Studies and Research in Graphics. Balogh sharpened his skills in different photography workshops in Munich, Istanbul and Vienna. Angelo

La génération 1900

Le 8 juin 1867 au matin, un cortège quitte la forteresse de Buda pour l'église Saint-Matthias, où François-Joseph de Habsbourg va être couronné empereur de Hongrie en présence de Gyula Andrássy, chef du gouvernement. L'ère du « compromis » commence ; elle inaugure la monarchie austro-hongroise, avec un empereur qui détient le pouvoir exécutif, assisté d'un ministre hongrois responsable devant le Parlement. Ce « compromis », survenu après la déclaration d'indépendance de 1848, très vite avortée, va jeter les bases de la Hongrie moderne.

Vingt-neuf ans plus tard, le 1er janvier 1896, sous l'imposante coupole du nouveau Parlement, l'empereur François-Joseph Ier inaugure solennellement les fêtes du Millénaire, en commémoration de l'arrivée des Hongrois dans le bassin des Carpates. Une grande exposition nationale préfigure l'Exposition universelle de Paris de 1900 ; elle compte 24 174 exposants, et proclame le ralliement de la Hongrie aux bienfaits de la modernité et du progrès technique.

Peu à peu Budapest se métamorphose en capitale. Les collines de Buda et la ville basse de Pest, réunies en une cité unifiée depuis 1873, se reflètent dans les eaux majestueuses du Danube. En un siècle la population a décuplé ; durant la seule décennie 1890 - 1900, elle s'est accrue de 40 %. La langue magyare s'impose. Les quelque trois cents familles de l'aristocratie et de la bourgeoisie issue des pionniers du commerce, de la finance et de l'industrie s'attellent au développement économique du pays. Avec ses banques, ses gares, ses tramways, son métro, son téléphone, ses grands boulevards éclairés la nuit, sa navigation intense sur le Danube, Budapest est à la veille de la Première Guerre mondiale la sixième ville d'Europe.

La politique éducative et culturelle ambitieuse du ministre, le baron József Eötvös, puis de ses successeurs, fait doubler entre 1875 et 1900 le nombre des écoles de la ville, qui atteignent un niveau comparable à celui des établissements d'Europe de l'Ouest. La relative ouverture du pays permet aux citoyens de voyager. L'apprenti photographe peut ainsi, comme József Pécsi, étudier à l'Académie de photographie de Munich ou, comme Rudolf Balogh, à l'Institut supérieur d'études et de recherches graphiques de Vienne ; ce dernier parfait sa formation dans différents ateliers à Munich, Istanbul et Vienne. Angelo ira à Hambourg, Berlin, Paris et Londres, Dénes Rónai se formera à Munich, Hambourg et même pendant deux mois à Lyon, chez les frères Lumière. Olga Máté comme Dénes Rónai, Aladár Székely, József Pécsi et Angelo perfectionnent leurs

Anonymous: Tableau vivant *as
Rembrandt's* Doctor Tulp, *with Baron
Frigyes Koranyi, Baron Sándor Koranyi,
Baron Béla Harkányi, Ede Balló, Ákos
Buttykay, Gyula Végh, and Sándor
Vértessy*, c. 1900. Gelatin Silver Print.

went to Hamburg, Berlin, Paris and London. Dénes Rónai studied in Munich
and Hamburg, and spent ten months with the Lumière brothers in Lyon.
Like Dénes Rónai, Aladár Székely, József Pécsi, Angelo, and Olga Máté
studied in Berlin with the photographer Rudolf Dührkoop. These new
photographic talents attracted international attention. József Pécsi won gold
medals in Rome and Moscow in 1911, and a year later he was elected an
honorary member of the London Photographic Society. After 1914 Olga
Máté's work could be seen in cities such as Hamburg, London and New York.
Budapest was bustling with exciting developments in theater, opera,
operetta and cinema. Cafes had been a cultural institution at least since the
Revolution of 1848—which even originated in one, the Pilvax. There were
some six hundred cafes in Budapest in 1900, open twenty-four hours a day,
and located for the most part on major streets, such as Andrássy Avenue.
Brimming with artists and lively intellectual conversation, these cafes were
places to quench one's thirst, enjoy music, and inexpensively escape the
cramped quarters of small apartments. One could also find the latest
editions of any number of the 350 local newspapers, or write oneself: ink
and rolls of paper called "dogs' tongues" were made available for free.
Dénes Rónai's apartment became a meeting place for artists and writers
such as Rippl-Rónai and Mihály Babits. The historian Béla Bevilaqua started
Hungary's first marionette theater there with the active participation and
contributions of the poets and sculptors who frequented it. Philosophers,
novelists, poets and architects would likewise gather amid the avant-garde
paintings in photographer Ogla Máté's salon.
Photography was considered a "good job." Not counting the multitude of
amateur photography clubs which organized their first collective exhibition
in 1905, there were more than three hundred professional photographic
studios at the turn of the century. When Hungary's Circle of Artistic
Photographers was founded in 1914 it counted Aladár Székely, József Pécsi,
Dénes Rónai, Olga Máté, Iván Vydareny as members.
From mathematicians to poets, the Generation of 1900 was a hotbed of
diversified talent. Taking cues from occidental culture, the new themes and

Anonyme : *Tableau vivant avec le baron Frigyes Korányi, le baron Sándor Korányi, le baron Béla Harkányi, Ede Balló, Ákos Buttykay, Gyula Végh, Sándor Vértessy et un anonyme*, vers 1900. Épreuve au gélatino-bromure d'argent.

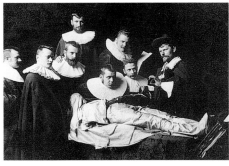

connaissances chez le photographe Rudolf Dührkoop, à Berlin. Très vite, les jeunes talents sont reconnus en dehors des frontières : József Pécsi obtient une médaille d'or à Rome et à Moscou en 1911, un an plus tard il est élu membre d'honneur du Salon de la photographie de Londres ; Olga Máté expose dès 1914 à Hambourg, Londres et New York…

Budapest, la « perle du Danube », est le ferment de toutes les créations nouvelles, théâtre, opéra, opérette, cinéma… Foyers de l'indépendance d'esprit, les cafés accueillent l'élite intellectuelle et artistique — la révolution de 1848 avait débuté dans l'un d'eux, le *Pilvax*. Ces nombreux lieux de rencontre et de débat — il y en a six cents en 1900 — sont ouverts vingt-quatre heures sur vingt-quatre et situés pour la plupart sur les grandes artères comme l'élégante avenue Andrássy. On s'y désaltère, on s'y restaure en musique et, surtout, on peut à moindre coût échapper à l'inconfort d'un appartement exigu, s'offrir le luxe de la lecture des trois cent cinquante quotidiens locaux, ou écrire en toute quiétude — l'encre et les rames de papier, surnommées « langues de chiens », étant offertes par la maison...

Artistes et écrivains se rencontrent chez le photographe Dénes Rónai qui accueille le peintre Rippl-Rónai, le poète Mihály Babits… L'historien Béla Bevilaqua ouvre chez Dénes Rónai le premier théâtre de marionnettes de Hongrie : des sculpteurs fabriquent les têtes, des amis poètes rédigent les dialogues… La photographe Olga Máté reçoit régulièrement philosophes, romanciers, poètes et architectes parmi les tableaux des maîtres de l'avant-garde hongroise de son salon.

La photographie est un « bon métier ». En 1900 on dénombre plus de trois cents ateliers professionnels, sans compter une multitude de clubs amateurs qui organisent leur première exposition en 1905. Le Cercle des artistes photographes de Hongrie est fondé en 1914 avec Aladár Székely, József Pécsi, Dénes Rónai, Olga Máté, Iván Vydareny.

La génération 1900 est une pépinière de talents extraordinairement divers, des mathématiques à la poésie. C'est entre 1900 et 1910 que s'affirment les écrivains fondateurs de la littérature magyare moderne, porteurs d'une sensibilité et de thèmes nouveaux, nourris de culture occidentale. Endre Ady naît en 1877, Ferenc Molnár en 1878,

Rudolf Balogh:
Winter Night, 1907.
Gelatin Silver Print.

sensibility of modern Magyar literature crystallized between 1900 and 1910. (Endre Ady was born in 1877, Ferenc Molnár in 1878, Gyula Krúdy in 1878, Mihály Babits in 1883, and György Lukács in 1885.) The leading weekly literary journal *A Hét*, headed by the poet József Kiss, was the major organ of this literary excitement. After spending time in Paris, Endre Ady published his *New Poems* in 1906. Bursting with images and a new lexicon, Ady's poetry summoned "archaic and oriental" Hungary towards the modernity of "the Occident."

The review *Nygat* (*West*) was founded in the charged atmosphere of the New York Cafe. The journal proved a veritable idea factory that brought together the most interesting writers in Budapest. *Artist Writers*, Aladár Székely's 1914 volume of photographs, forever bears witness to this exhilarating milieu. *Nyugat* resonated with the latest international currents in art, providing a venue for painters such as those in József Rippl-Rónai's *Miénk* (*Our Own*) group. József Rippl-Rónai was a friend of Pierre Bonnard and Paul Gauguin, and an early Art Nouveau enthusiast. Between 1900 and 1910 foreign artists' work also made their way to Budapest. The Autumn Salon and the Salon of the Independents, modeled after similar events in Paris, showed the work of Manet, Gauguin, Cézanne, Bonnard, Van Dongen, Rouault, Matisse and Picasso.

"We need photographs that communicate our particularities and our national character," wrote Rudolf Balogh in 1914, in *Fotómûvészet (Photographic Art)*, an important review that appeared briefly during this period. Writers such as Dezsö Szabó, Zsigmond Móricz, as well as open air painters, drew inspiration from the Hungarian countryside. The technique of photographers who worked on natural subjects in this vein, known as the "Hungarian style," produced images with soft contours and tonalities. They were soon influenced by the Pictoralist movement and its expositions in Vienna in 1891, Hamburg in 1893, Glasgow in 1901 and Turin in1904. Balogh traversed the countryside, creating photo-essays for the Sunday illustrated weekly *Pesti Napló*. Architects, sculptors and musicians engaged in similar exploratory expeditions, such as those of Béla

Rudolf Balogh :
Nuit d'hiver, 1907.
Épreuve au gélatino-bromure
d'argent.

Gyula Krúdy en 1878, Mihály Babits en 1883, György Lukács en 1885… La revue *A Hét*, dirigée par le poète József Kiss en 1900, est le principal hebdomadaire littéraire de Hongrie, c'est la voix d'une Budapest moderne. Manifeste véritablement révolutionnaire, les *Poèmes nouveaux* du poète Endre Ady, largement inspirés par le séjour de leur auteur à Paris, sont publiés en 1906. Dans une éclosion d'images et de mots novateurs, ils veulent attirer une Hongrie archaïque et « orientale » vers la modernité de « l'Occident ».

Nyugat (*Occident*), la revue fondée en 1907 dans le brouhaha du café *New York*, est un véritable laboratoire d'idées et réunit les meilleures plumes de la capitale ; le photographe Aladár Székely, dans son album *Écrivains artistes* de 1914, a fixé le souvenir de cette effervescence. La revue se fait l'écho des courants d'idées européens et soutient des peintres comme le groupe *Miénk* (*Les Nôtres*) de József Rippl-Rónai, cet ami de Bonnard et de Gauguin qui fut le premier à appliquer les principes de l'Art nouveau. Entre 1900 et 1910 des œuvres de France ou d'ailleurs sont régulièrement exposées à Budapest, pour le plus grand profit des jeunes artistes qui ne peuvent voyager. La Maison des artistes, conçue sur le modèle des Salons d'automne et des Indépendants de Paris, présente ainsi Manet, Gauguin, Cézanne, Bonnard, Van Dongen, Rouault, Matisse et Picasso…

« Il faut faire des photos qui correspondent à nos particularités et à notre caractère national », écrit Balogh dans l'éphémère revue *Fotómûvészet* (*L'Art photographique*) en 1914. Nombre d'écrivains comme Dezsö Szabó, Zsigmond Móricz, des peintres de plein air et des photographes puisent leur inspiration dans la culture populaire de la campagne hongroise. Les photographes apparentés à ce « style hongrois » sont attirés par le spectacle de la nature et pratiquent la technique des contours flous et des tonalités estompées. Le « mouvement pictorialiste » se fait connaître par des expositions à Vienne en 1891, Hambourg en 1893, Glasgow en 1901, Turin en 1904. Balogh parcourt le pays pour réaliser ses reportages sur la campagne, qu'il publie dans l'hebdomadaire dominical illustré du *Pesti Napló*. Ces préoccupations se retrouvent aussi chez les architectes, les sculpteurs et les musiciens, en particulier Béla Bartók, Zoltán Kodály et

József Schermann:
Still-Life with Fruit, c. 1925.
Gum Dichromate Print.

Bartók, Zoltán Kodály and Béla Vikár, who starting in 1904 traveled from village to village with musicologists and photographers, compiling local, popular songs. *Nyári Este (Summer Evening)* was Zoltán Kodály's first symphonic poem that took such inspiration.

But this lively and productive millennial perspective was increasingly clouded by social tensions, including the Slovak, Rumanian and Serbian minorities' claims for independence. Great numbers of people converged on Budapest in search of employment. The city became overpopulated. During the elections of 1905 a strike by the workers' movement destabilized the "Compromise." The governmental party fell apart and was replaced in 1906 with a new coalition government. The Austro-Hungarian monarchy proved to be less and less capable of responding to the people's needs.

On June 28, 1914 a Serbian student assassinated the crown prince Franz Ferdinand and his wife in Sarajevo (Bosnia-Herzegovina). A month later war was declared against Serbia and World War I began. In the aftermath, the 1919 Trianon Treaty required Hungary to cede two thirds of its territory. The economy was in shambles and numerous artists went into exile. Among them were photographers, including Martin Munkácsi in Berlin, Brassaï in Paris, László Moholy-Nagy in Dessau then Chicago, and André Kertész in Paris and New York.

Catherine de Bourgoing

Bibliography:
John Lukács, *Budapest 1900.* New York: Weidenfeld and Nicolson, 1988.
Catherine Horel, *Histoire de Budapes*t. Paris: Fayard, 1999.

József Schermann :
Nature morte aux fruits,
vers 1925. Épreuve à
la gomme bichromatée.

Béla Vikár qui, dès 1904, vont de village en village, accompagnés d'un musicologue et d'un photographe, transcrire les chants populaires. *Nyári Este* (*Soirée d'été*) est le premier poème symphonique de Zoltán Kodály nourri de cette inspiration rurale.

La Hongrie triomphante des festivités du Millénaire se retrouve peu à peu minée par des tensions sociales conjuguées aux revendications indépendantistes et à la poussée des minorités slovaque, roumaine et serbe. Budapest attire une nombreuse main-d'œuvre à la recherche d'emplois ; la ville est surpeuplée. Lors des élections de 1905, la mobilisation du mouvement ouvrier qui se met en grève fait basculer le « compromis » ; le parti gouvernemental est mis en échec, et remplacé en 1906 par un nouveau gouvernement de coalition. La monarchie austro-hongroise s'avère de moins en moins capable de répondre aux aspirations de ses peuples.

Le 28 juin 1914, un étudiant serbe assassine l'archiduc prince héritier François-Ferdinand et son épouse à Sarajevo (Bosnie-Herzégovine). Un mois plus tard la déclaration de guerre à la Serbie déclenche la Première Guerre mondiale.

En 1919, par le traité de paix de Trianon, la Hongrie doit céder aux États voisins les deux tiers de sa superficie. L'économie est en ruine ; nombre d'artistes, dont des photographes, s'exilent : Martin Munkácsi à Berlin, Brassaï à Paris, László Moholy-Nagy à Dessau puis Chicago, André Kertész à Paris et New York…

Catherine de Bourgoing

À lire :
John Lukács, *Budapest 1900*, Paris, Quai Voltaire, 1990.
Catherine Horel, *Histoire de Budapest*, Paris, Fayard, 1999.

Breakthrough in
Early Hungarian Photography
Both Opening-Up and Tradition

Hungarian photography between 1880 and 1930 reflects a period of wide-ranging change whose causes are to be found in the annals of national and international history. The major contribution made in Modern art[1] by photographers of Hungarian origin is generally acknowledged, to the detriment of recognizing the previous generation's accomplishments. These photographers, many of them partisans of the Magyar movement in the final years of the Austro-Hungarian Empire,[2] constituted a nascent avant-garde. This exhibition seeks to reveal forgotten influences and developments by presenting a selection of works by each photographer over an extended period of time. In the process, correspondence between formal and technical changes in Hungarian photography, social movements and political events become evident.[3] When necessary, works have been restored in accordance with historical as well as topographical concerns, in keeping with the original context of their creation.

The first period under consideration covers the last two decades of the nineteenth century, a period known as "Austria Felix," during which harmony reigned in the provinces, in conjunction with cosmopolitan growth in Budapest. Intellectuals and artists took part in an international exchange of ideas and influences, particularly with Austria, Germany, Italy, and France. This state of affairs extended to the field of photography as well. Internationally speaking, the period was one of expansion for photography, particularly by individually-run commercial photography studios.[4] The internal organization of these studios roughly corresponded to that of traditional crafts workshops. Popular and conventional themes and subjects accounted for the bulk of the output. Thus Hungarian "cartes de visite" portraits and albums followed the period norms for commercial photography; the images satisfied the customers' requirements and needs, and at the same time served as publicity for the photographic studios. The cardboard backing on which the photographs were mounted were usually decorated with writing and visual motifs.

The photographic images produced in the Hungarian studios of this period themselves closely resemble those made in other countries, for example in

Les percées de
la photographie en Hongrie,
entre ouverture et tradition

Au vu des images produites de 1880 à 1930, la photographie hongroise apparaît comme le reflet de mutations profondes, dont les racines sont à chercher dans l'histoire propre de ce pays, mais dont les résonances sont aussi internationales. La reconnaissance de l'importance des photographes d'origine hongroise dans l'histoire de l'art moderne[1] masque la profonde méconnaissance de ceux de l'époque précédente en Hongrie. Inconnus pour la plupart hors de leurs frontières, ces photographes, qui furent souvent des militants de la cause magyare dans l'empire austro-hongrois finissant[2], ont pourtant participé à l'émergence des avant-gardes artistiques.

Le parti pris de cette exposition est donc de retrouver ces liens en présentant au public une sélection de plusieurs œuvres d'un même photographe sur une longue durée, afin de montrer que les mutations formelles et techniques de la photographie hongroise correspondent aussi à des ruptures sociales et politiques[3]. Les traitements de restauration sur l'ensemble des œuvres exposées ont été réalisés dans le respect des spécificités topographiques mais également historiques de ces divers contextes de fabrication des images.

Une première étape commence pour nous dans les vingt dernières années du XIXe siècle, époque de l'« Austria Felix » au cours de laquelle le poids des provinces hongroises trouve un équilibre avec l'essor du cosmopolitisme à Budapest. Cette ouverture des milieux intellectuels, particulièrement en direction de l'Autriche, de l'Allemagne, de l'Italie et de la France, se retrouve dans le milieu de la photographie, comme le montre bien le parcours des photographes présentés dans cette exposition.

Sur le plan international, cette période est celle de la photographie florissante, dans laquelle l'atelier du photographe est encore largement artisanal[4]. Les grands thèmes populaires traditionnels constituent encore la plupart des sujets. Les portraits-cartes ou les albums photographiques sont significatifs d'une production commerciale, porteuse d'indications iconographiques, mais également publicitaires pour les ateliers photographiques. Les cartons de montage sont le plus souvent décorés et imprimés.

Des images de facture très proche sont produites à la même époque en France, bien qu'avec des variantes dans le graphisme utilisé sur les supports de montage. Les thèmes de la bicyclette, des enfants dans un décor de barque (ill. p. 41) ou ceux des vues urbaines sont récurrents. Le travail de Károly Divald sur les montagnes, datant de 1880, qui ouvre l'exposition, semble participer du même regard que celui que nous révèlent par exemple les photographies de l'Administration des forêts françaises[5]. Les

Hippolyte-Auguste Collard:
Underside of a Bridge, c. 1865.
Albumen Paper Print.
Musée Carnavalet, Paris.

France. Visual handling in terms of the photographs' backgrounds, however, varied according to country. Recurrent themes include bicycles, children in a boat (fig. page 41), and cityscapes. Károly Divald's images of mountains, which open the exhibition, date from 1880. In terms of intention, they seem related to the photographs made for the French Forestry Commission.[5] In both Hungary and France, the 1890s gave rise to a range of documentary photography projects. This production is represented by the work of the Divald, György Klösz and Mór Erdélyi, and brings to mind the photographic reportage of Hippolyte-Auguste Collard in France. A comparison can also be made with photographs of the construction of the Paris subway system around 1900, in which the architects' and engineers' achievements are reflected in the geometric, highly structured composition of the images.[6] Other Hungarian photographs presented, however, are part of a particularly Hungarian sense of irony and tradition. This is the case in Klösz's skater (fig. page 40), where the faces, gestures, and stereotypes seem specific to Hungary. In both Hungary and France, both professional and amateur photographers continued to use nineteenth-century techniques, especially large and medium format glass plate negatives and albumen prints.[7] These picture-taking and printing techniques allowed for high-quality, detailed photographic production.[8]

The beginning of the twentieth century saw the advent of new aesthetic and political perspectives. Budapest's cultural prosperity and the progressive new ideas of the Successionist movement went hand in hand with the rise of artistic naturalism in Hungary. This was concurrent with the gradual demise of the Austro-Hungarian Empire.[9]

The pictorialist movement also flourished in Hungary. It was based on a rejection of the preceding era's documentary realism, and an active renewal of styles and techniques: attitudes widespread in Western countries at the time. As elsewhere, this pictorial, post-Romantic sensibility is marked by nostalgia for a happy past. As an international trend and practice with associations, publications and exhibitions, pictorialism, was highly organized in the United States, England, Germany

Hippolyte-Auguste Collard :
Dessous de pont, vers 1865.
Épreuve sur papier albuminé.
Collection Musée Carnavalet, Paris.

années 1890 voient apparaître dans les deux pays une importante production documentaire, ici représentée par des images de Divald, György Klösz ou Mór Erdélyi, dont le travail fait penser à de nombreux reportages en France, tels ceux d'Hippolyte-Auguste Collard, ou aux photographies de la construction du métro parisien[6] autour de 1900, dont les formes très géométriques et structurées mettent en lumière le travail de l'ingénieur ou de l'architecte. Néanmoins, d'autres images telle celle de la femme aux patins à glace de Klösz (ill. p. 40), par exemple, relèvent d'une tradition et d'une ironie bien spécifiques. Les visages, les attitudes, les stéréotypes ne sont pas les mêmes que ceux que l'on trouve en France.

Dans les deux pays, les photographes, amateurs ou professionnels, utilisent encore des techniques — négatifs sur plaques de verre de grand ou moyen format et tirages par contact à l'albumine[7] pour la plupart — qui ne sont pas en rupture avec les procédés traditionnels du XIXe siècle. L'alliance de ces techniques de prise de vue et des tirages argentiques à noircissement direct permet d'obtenir une précision au service d'une grande qualité iconographique[8].

Le début du XXe siècle voit la mise en place de nouvelles valeurs sur le plan esthétique et politique. La prospérité culturelle de Budapest et le nouvel idéal progressiste de la Sécession viennoise vont de pair avec l'essor du naturalisme artistique en Hongrie. Ils sont contemporains de l'effritement progressif de l'empire austro-hongrois[9].

Le mouvement pictorialiste hongrois s'est révélé également particulièrement fécond. Il s'appuie sur un refus du réalisme documentaire de la période précédente et sur une volonté de renouvellement des styles et des techniques, commune à divers pays occidentaux. Cette sensibilité picturale et post-romantique est empreinte de la nostalgie d'un passé heureux. L'« internationale pictorialiste », très structurée aux États-Unis, en Angleterre, en Allemagne ou en Belgique, possède des ramifications importantes en Hongrie. Un portrait tel que celui de la femme au bouquet de József Pécsi (ill. p. 54) est imprégné d'une atmosphère et d'une facture très *Mitteleuropa*.

Au tournant du siècle, la photographie hongroise affectionne les scènes de genre, les poses

Paul Géniaux: *La Salpêtrière
in the Snow*, c. 1900.
Gelatin Aristotype.
Musée Carnavalet, Paris.

and Belgium, and influential in Hungary. József Pécsi's woman holding
a bouquet (fig. page 54), with its *Mitteleuropa* setting, attests to this fact.
At the start of the twentieth century, genre scenes, long exposures, and soft
focus, characteristics of full-scale pictorialism, abounded in Hungarian
photography. This was facilitated by a general mastery of sophisticated
photographic and photomechanical techniques. The desired effect of soft
focus led to renewed interest in the paper negatives and salted paper prints
of bygone times.[10] The matte appearance of salted paper prints provides a
similarity to drawing which was considered more artistic. Period prints,
most often made with gum bichromate[11] or oil[12] processes, allowed for
manual, artistic manipulation and reworking. The result is one-of-a-kind
prints which cannot be reproduced. This accentuates the prints' artistic
status.[13] Hand-crafted fabrication of the sensitive platinum layers[14] made
for finely modeled richness and minutely subtle gradations.

As the works of the photographers in this exhibition clearly demonstrate,
pictorialism was a harbinger of Modernism and "pure photography" in the
following generation in Hungary, just as it was in Great Britain and the
United States. France did not follow this model. Despite the efforts of the
Paris Photo-Club, Photography in France remained a more academic,
aestheticized enterprise.[15] In the wake of Émile Joachim Constant Puyo and
Robert Demachy, the closest currents in France were the kinds of poetics of
the everyday world exemplified in the work of professional photographers
such as Eugène Atget, or gifted semi-amateurs, such as Paul Géniaux.
Following World War I and the fall of the Habsburg Empire, an objective,
documentary, new graphic style emerged in Hungary. This was concurrent
with related artistic and cultural developments in Austria, Germany[16] and
Italy,[17] and was directly linked to the spread of modern means of
communication, as well as the influence of the graphic and applied arts
which were changing the face of publishing, journalism, and advertising.
Parallels can be found in Russian Constructivism and the "new vision" in
Germany, where photography is used in the service of democratization, and
as a favored propaganda tool by avant-garde artists of the 1930s.

Paul Géniaux : *La Salpêtrière
sous la neige*, vers 1900.
Aristotype à la gélatine.
Collection Musée Carnavalet, Paris.

longues, le flou, les effets de matière qui correspondent à une sensibilité picturale exacerbée. Celle-ci peut être mise en œuvre grâce à la maîtrise de procédés photographiques ou photomécaniques sophistiqués. Le manque de netteté, ici volontaire, renoue avec le couple primitif du négatif papier et du tirage sur papier salé[10] dont l'aspect mat, proche du dessin, est jugé plus « artistique ». Les tirages de cette période, principalement à la gomme bichromatée[11] ou à l'huile[12], permettent des interventions manuelles de l'artiste et sont retravaillés artisanalement par leur auteur. Ils deviennent donc uniques et ne sont plus reproductibles à l'identique, ce qui a pour effet, là encore, de réaffirmer leur caractère d'œuvre d'art[13]. D'autre part, la fabrication artisanale de couches sensibles au platine[14] permet d'obtenir une grande douceur de modelé et des gradations très fines.

Comme le démontre le parcours des auteurs présentés, il semble clair que, en Hongrie comme dans les pays anglo-saxons, ce mouvement fut porteur de la modernité et de la « photographie pure » de la génération suivante. La France fait ici figure d'exception et le pictorialisme français, malgré les efforts du Photo-club de Paris, se caractérise par une production qui peine parfois à s'éloigner de l'académisme[15]. L'esthétique qui s'en rapproche y sera davantage tournée vers une poétique du réel, pratiquée par des photographes professionnels, comme Atget, ou par des amateurs de talent, Géniaux par exemple, dans la mouvance de Constant Puyo ou Robert Demachy.

Après la Première Guerre mondiale et la chute des Habsbourg, émerge en Hongrie un style nouveau, objectif, documentaire et graphique. Cette évolution se produit de façon concomitante avec l'éclosion de courants artistiques et culturels venant d'Autriche, d'Allemagne[16] ou d'Italie[17]. Elle est directement liée au développement de supports de communication modernes ainsi qu'à celui du graphisme et des arts appliqués qui trouveront un champ d'intervention dans les milieux de la presse et de la publicité. Ces expériences formelles sont à comparer avec l'esprit qui anime la « Nouvelle Vision » en Allemagne ou celui des constructivistes russes qui vont utiliser l'appareil photographique comme un levier de démocratisation et un outil privilégié de propagande pour les avant-gardes des années trente.

André Vigneau: *Advertisement for Woolmilne Soles*, c. 1929. Gelatin Silver Print. BHVP, Paris.

In the work of the Hungarian photographers presented in this exhibition, romanticized and sentimentalized images persist alongside the new photographic realism. This realism is no longer in the documentary style of the 1880s. It is sometimes, as in the case of István Kerny (fig. page 105), close in spirit to the light-hearted "photographic recreations" practiced in France,[18] and the Surrealist experiments of the following period.[19]

The Hungarian pictorialists moved into Modernism early on. Their work became increasingly anchored in their present moment, abandoning the blurry pictorialist conventions and compositions in favor of sharp, immediate images and the exploration of pure photographic forms. A newfound interest in everyday objects often served as a point of departure for abstractionism (fig. page 107). The choice of camera and angle were increasingly important considerations, while printing techniques become standardized, and paper was increasingly factory-made. New approaches to framing, perspective, and viewpoint made for a new version of reality, and reflected the interplay of influences between early cinematography and photography. These shared special effects including double exposures and superimposition, photomontage[20] and photo collage.[21] The use of such techniques sometimes led to the creation of one-of-a-kind images not subject to reproduction.[22]

The "new photography" could not have spread and developed as it did without the current increase in the rapidity of communication, which allowed for the international flow of ideas among artists.[23] The rapid-fire exchange of ideas and points of view among photographers of divergent individual styles and cultures was in fact one of the outstanding features of photography from this period. The works in this exhibition allow for a better-informed assessment of the contribution made by Hungarian photography in the early twentieth century. These photographs attest to the network of reciprocal influences that was operative in the emergence of an international photographic sensibility in the period between the World Wars.

Anne Cartier-Bresson

André Vigneau : *Publicité pour les semelles Woolmilne*, vers 1929. Épreuve au gélatino-bromure d'argent. Collection BHVP, Paris.

On trouve en Hongrie, chez les mêmes auteurs, la persistance d'une vision romantique et sentimentale propre au pictorialisme, aux côtés de ce nouveau réalisme photographique. Celui-ci s'éloigne du style documentaire des années 1880. Il est parfois, comme avec István Kerny (ill. p. 105), plus proche de l'esprit facétieux des amateurs de « récréations photographiques » telles que l'on peut les percevoir en France à la même époque[18], ou des expériences surréalistes de la période suivante[19].

Il est remarquable que les artistes pictorialistes hongrois aient su évoluer très tôt vers la modernité. Leur œuvre, progressivement plus ancré dans le présent, abandonne le flou et les compositions picturales des images antérieures pour la netteté, l'instantané et l'exploration de formes purement photographiques. Ces auteurs s'intéressent à des objets de la vie quotidienne mais en leur restituant une forme énigmatique, allant parfois jusqu'à l'abstraction (ill. p. 107).

L'appareil photographique et la prise de vue deviennent généralement plus importants que les techniques de tirage qui se standardisent, tandis que les supports utilisés sont souvent purement industriels. Les cadrages basculent, les changements de perspective et la multiplication des points de vue, en permettant de recomposer le réel, caractérisent un double jeu d'influences entre la photographie et le cinéma à ses débuts. Les pratiques de la surimpression, du photomontage[20] ou du photocollage[21], permettent néanmoins de produire encore des œuvres uniques, non reproductibles[22].

Cette « nouvelle photographie » qui naît alors n'aurait pu s'épanouir sans une fluidité de communication inégalée entre les artistes de divers pays[23]. La rapidité des échanges de points de vue, qui met en relation des photographes aux cultures si diverses et aux styles individuels si différents, semble bien être une des richesses particulières de la photographie de cette période. Les œuvres présentées ici doivent nous permettre de mieux identifier la valeur de cet apport de la photographie hongroise au début du XXe siècle. Elles nous montrent bien ce réseau d'influences réciproques qui a présidé à l'émergence dans le monde de la sensibilité photographique de l'entre-deux-guerres.

Anne Cartier-Bresson

1/André Kertész, Brassaï, Robert Capa, Lucien Aigner, Lucien Hervé, and François Kollar are among the photographers of Hungarian origin who had highly influential photographic careers outside of Hungary. 2/Charles Henri Favrod. *La Fotografia nell'Iimpero Asburgico*, in *Il Secolo Asburgico 1848-1916: Fotografie di un Impero.* Florence: Alinari, 2000. 3/*L'Art en Hongrie, 1905-1930, Art et Révolution.* Musée de Saint-Etienne, Musée d'Art Moderne de la Ville de Paris, 1980. 4/Jean Sagne, *L'Atelier du Photographe, 1840-1940.* Paris: Presses de la Renaissance, 1984. 5/Luce Lebart, "La 'Restauration' des Montagnes; les Photographies de l'Administration des Forêts dans la Deuxième Moitié du XIXe Siècle." *Etudes Photographiques*: 3. Paris, November 1997. 6/*Vincennes-Maillot; La Construction de la Ligne 1 du Métropolitain Parisien dans les Collections de la Bibliothèque Administrative de la Ville de Paris (1898-1900)*, Paris, Paris-Bibliothèques,1998. 7/Albumen paper prints were invented in France by Louis-Désiré Blanquart-Evrard and common from roughly 1850 to 1915. The printing-out image is produced by contact with the negative. Albumen paper prints are high-definition, with rich tonal subtleties ranging from warm browns to violet blacks, depending on toning. 8/Changes in these printing-out images over time are primarily chemical in nature. The fineness of the photolytic silver grain, which accounts for this printing process's aesthetic appeal, accounts for its susceptibility to oxidation, and resulting changes in color, which can become significant over time. Restoration done for this exhibition aimed to stabilize the images by eliminating or neutralizing the causes of their alteration. 9/John Lukacs. *Budapest 1900.* New York: Weidenfeld and Nicolson, 1988. 10/Salted paper prints were the very first photographic prints, popular from around 1840 to 1860. The silver-grain image uses no binder and is made by printing-out. It is therefore matte and slightly unfocused, since the paper fibers are visible. 11/Introduced in the 1890s, gum bichromate prints developed out of the pigmented carbon processes invented by Alphonse Poitevin. The sensitive solution is a gum arabic layer which is mixed with pigment. After exposure to light, it is made insoluble by the presence of the alkaline bichromate. 12/Bromoil prints are a variant on oil prints, founded on the incompatibility of oil and water. A gelatin silver print is bleached, then fixed. The silver image disappears and the gelatin hardens in proportion to the quantity of silver present in the print. It is then put in water to cause swelling in the gelatin, then coated with oil-based ink. 13/The pigment prints and photomechanical processes favored by the international pictorialists were introduced in France and England in the first decades of photographic history in an effort to discover "permanent" processes. Damage to these types of prints is usually the result of improper handling or poor conservation. Restoration procedures entail stabilizing altered materials. 14/Platinum prints are based on iron salts' sensitivity to light. The definitive image is made with metallic platinum and combines the advantages of outstanding aesthetic quality and high stability. With the prohibitive cost of platinum after World War II, platinum prints fell out of use, but made a come-back in the 1980s. 15/Michel Poivert. "Le Sacrifice du Présent, Pictorialisme et Modernité." *Etudes Photographiques*: 8. Paris, November 2000. 16/Rolf Sachsse. "La Photographie dans les Ecoles d'Art Appliquées Allemandes." *Etudes Photographiques*: 8. Paris, November 2000. 17/Giovanni Lista. *Photographie Futuriste Italienne, 1911-1939.* Paris, Musée d'Art Moderne de la Ville de Paris, 1981. 18/Nicolas Villodre. "Les Récréations Photographiques à la Fin du 19e Siècle; la Préhistoire des Avant-Gardes dans les Jeux Optiques du 19e." *Photographies*: 8. Paris, September 1985. 19/Clément Cheroux. "Les Récréations Photographiques; un Répertoire de Formes pour les Avant-Gardes." *Etudes Photographiques*: 5. Paris, November 1998. 20/Photomontage is a technique by means of which a composite image is made from multiple photographic shots. 21/Photo collage is made by cutting and pasting different photographic elements to create a print. 22/The restoration of photographs from this period relies on a knowledge of silver emulsions used at the time, and detection of their signs of alteration. Familiarity with the various combinations of elements photographers of the era worked into their images, is equally essential. 23/*L'Art 1900 en Hongrie.* Paris: Petit–Palais, 1976.

1/Parmi les photographes d'origine hongroise ayant émigré et dont l'apport fut particulièrement important en France, on peut citer André Kertész, Brassaï, Robert Capa, Lucien Aigner, Lucien Hervé, François Kollar… 2/Charles Henri Favrod, « La fotografia nell'impero asburgico », in *Il secolo asburgico 1848-1916 : fotografie di un impero*, Alinari, Florence, 2000. 3/*L'Art en Hongrie ; 1905-1930, art et révolution*, musée de Saint-Étienne - musée d'Art moderne de la Ville de Paris, 1980. 4/Jean Sagne, *L'Atelier du photographe, 1840-1940*, Presses de la Renaissance, Paris, 1984. 5/Luce Lebart, « La "restauration" des montagnes ; les photographies de l'Administration des forêts dans la deuxième moitié du XIXᵉ siècle », *Études photographiques*, Paris, n° 3, novembre 1997. 6/*Vincennes-Maillot ; La construction de la ligne 1 du métropolitain parisien dans les collections de la Bibliothèque administrative de la Ville de Paris (1898-1900)*, Paris-bibliothèques, Paris, 1998. 7/Les tirages sur papier albuminé, inventés en France par Blanquart-Évrard, furent employés de 1850 à 1915 environ. L'image, à noircissement direct, est obtenue par contact avec le négatif. Elle possède donc une très bonne définition et des tonalités subtiles, allant du brun chaud au violet-noir, en fonction du mode de tirage. 8/Les principales altérations relevées sur ces tirages obtenus par noircissement direct sont de nature chimique. La finesse du grain d'argent de nature photolithique, qui fait la beauté de ce mode de tirage, explique également sa vulnérabilité face aux agents d'oxydation et donc les changements parfois importants de coloration au cours du temps. Les traitements de restauration, dans le cadre de cette exposition, doivent tenter de stabiliser les images en éliminant ou en neutralisant les causes d'altération. 9/John Lukacs, *Budapest 1900*, Quai Voltaire, Paris, 1990. 10/Les tirages sur papier salé constituent le premier mode de tirage sur papier, très populaire de 1840 à 1860 environ. L'image argentique ne possède pas de liant et est obtenue par noircissement direct. Elle est donc naturellement mate et légèrement floue car les fibres du papier de support sont apparentes. 11/Faisant suite aux tirages pigmentaires au charbon, inventés par Poitevin, la gomme bichromatée fut introduite dans les années 1890. La solution sensible est ici une couche de gomme arabique mélangée à un pigment et rendue insoluble, après exposition à la lumière, par la présence de bichromate alcalin. 12/Les tirages au bromoil sont une variante des tirages à l'huile, basés sur l'incompatibilité de l'eau et de l'huile. Un tirage gélatino-argentique passe par un bain de blanchiment puis de fixage. L'image argentique disparaît et la gélatine est durcie proportionnellement à la quantité d'argent présente dans le tirage. Cette matrice est ensuite plongée dans l'eau afin de faire gonfler la gélatine, qui sera enduite d'encre grasse. 13/Les épreuves pigmentaires ou les tirages photomécaniques, techniques de prédilection de l'école pictorialiste, ont été introduits en France et en Angleterre dès les premières décennies de l'histoire de la photographie, dans le but de trouver des procédés dits « permanents ». Les dégradations des tirages de ce type sont donc généralement liées à de mauvaises manipulations ou conditions de conservation. Les traitements de restauration s'attachent à stabiliser des matériaux mécaniquement altérés. 14/Les tirages au platine sont basés sur la sensibilité des sels de fer à la lumière. L'image finale est formée de platine métallique et possède donc d'excellentes qualités esthétiques et une très bonne stabilité chimique. Le coût du platine devenant prohibitif après la Seconde Guerre mondiale, ce type de tirage tombera en désuétude jusqu'à son renouveau dans les années quatre-vingt. 15/Michel Poivert, « Le sacrifice du présent, pictorialisme et modernité », *Études photographiques*, Paris, n° 8, novembre 2000. 16/Rolf Sachsse, « La photographie dans les écoles d'art appliqué allemandes », *Études photographiques*, Paris, n° 8, novembre 2000. 17/Giovanni Lista, *Photographie futuriste italienne, 1911-1939*, musée d'Art moderne de la Ville de Paris, 1981. 18/Nicolas Villodre, « Les récréations photographiques à la fin du XIXᵉ siècle ; la préhistoire des avant-gardes dans les jeux optiques du XIXᵉ », *Photographies*, n° 8, septembre 1985. 19/Clément Cheroux, « Les récréations photographiques ; un répertoire de formes pour les avant-gardes », *Études photographiques*, Paris, n° 5, novembre 1998. 20/Le photomontage est une technique qui permet d'obtenir une image composite à partir de prises de vues photographiques multiples. 21/Le photocollage consiste à découper et contrecoller des éléments photographiques divers afin d'obtenir un effet particulier sur le tirage. 22/La restauration des œuvres de cette période s'articule surtout autour de la connaissance des émulsions argentiques de l'époque, ainsi que de leurs signes spécifiques d'altération, d'une part, et des divers éléments composites éventuellement ajoutés par le photographe, d'autre part. 23/*L'art 1900 en Hongrie*, Petit Palais, Paris, 1976.

Before Kertész and Brassaï
The Modernist Origins of Hungarian
Photography in the First Quarter
of the Twentieth Century

From André Kertész to Brassaï, László Moholy-Nagy, György Kepes, Márton Munkácsi, Robert Capa and his brother Cornell, Lucien Hervé, Paul Almásy, anyone interested in the topic has noticed the extent to which Hungarians account for such a large percentage of the world's foremost photographers, despite the country's relatively small population.

After long consideration of this topic, I offered an ethno-psychological and socio-historical analysis in *Fotográfosok Made in Hungary. Akik Elmentek, Akik Ittmaradtak.*[1] But many questions remained to be considered on other fronts. What follows is a brief account of the evolution and interchange between commercial and artistic photography in Hungary starting in the 1870s, with an eye on the following questions:

What could be seen and what did these photographers acquire from the cultural atmosphere of their native Hungary before they left? Were they bequeathed some portion of genius from their forerunners before leaving, which then matured after emigration? How important to them were the artists of the period who stayed in Hungary, and still remain unknown outside it? What is it exactly about this period that is so absorbing? Do the Hungarian pictorialists merit being considered significant figures in the history of the art of photography, or are they mainly important on the national level in their home country? And what kinds of exchanges were in fact taking place between Hungary and other countries?

At the turn of the twentieth century, photographers in Hungary, as in the rest of the world, had begun to identify with one or the other of two antithetical currents. On one hand, professional photographers were taking more and more commercial portraits in conventionalized, cliched settings, with unoriginal lighting and standardized effects. Photography had reached a crisis point in the 1870s. In 1916, long before contemporary historians of photography considered the situation, the outstanding but primarily forgotten critic, Pál Nádai wrote, "As this decadent period was coming to an end, a renaissance in artistic photography appeared on the horizon. The rigid views of the professional photographer would soon be overthrown by innovative amateurs with other priorities. Witness the new aesthetic that

Avant Kertész et Brassaï
Les prémisses du modernisme
dans la photographie hongroise
du premier quart du XXᵉ siècle

Lorsqu'on s'intéresse à la photographie, on relève combien les Hongrois, qui ne sont pas très nombreux, ont donné sur une période relativement courte une quantité de personnalités éminentes dans ce domaine — André Kertész, Brassaï, László Moholy-Nagy, György Kepes, Martin Munkácsi, Robert Capa et son frère Cornell, Lucien Hervé, Paul Almásy… pour ne citer que les plus célèbres.

Ayant réfléchi sur cette question, j'ai proposé récemment une réponse en termes d'ethnopsychologie et d'histoire sociale dans mon livre intitulé *Fotográfosok made in Hungary. Akik elmentek, akik ittmaradtak*[1]. Aujourd'hui ce phénomène, qui fait intervenir un grand nombre de facteurs, me paraît beaucoup plus complexe que je ne l'écrivais alors et c'est pourquoi je me propose d'analyser succinctement le contexte photographique qui a façonné la vision des artistes cités précédemment.

Qu'ont-ils vu, qu'ont-ils appris, dans quelle atmosphère culturelle ont-il vécu avant de quitter la Hongrie ? Ont-il reçu en héritage quelque chose qui puisse caractériser leur génie, qui s'est épanoui après leur émigration ? Quelle est l'importance des artistes de cette époque restés au pays et qui sont encore méconnus hors de leur terre natale ? Où est l'intérêt spécifique de cette période artistique ? Le pictorialisme hongrois possède-t-il des caractères ayant une valeur à l'échelle de l'histoire universelle de la photographie, ou seule la photographie nationale peut-elle en tirer des enseignements ? Quelle était alors l'intensité et la forme des échanges artistiques et culturels entre la Hongrie et les autres pays ?

Au tournant des XIXᵉ et XXᵉ siècles, deux courants photographiques contradictoires se développaient parallèlement en Hongrie — comme dans le reste du monde. La photographie d'atelier professionnelle, en premier lieu le portrait, devenait de plus en plus commerciale et de moins en moins inventive : poses conventionnelles, accessoires kitsch, éclairage uniforme et diffus dû aux verrières des ateliers, artifices insipides témoignant d'une esthétique de parvenu. Les historiens actuels ne sont pas les premiers à considérer qu'après les années 1870 la photographie est entrée dans une période de crise. Dès 1916, le critique Pál Nádai, une excellente plume injustement tombée dans l'oubli, écrivait : « Pendant que cette décadence allait à son terme, au loin s'annonçait la renaissance de l'art photographique : les forces novatrices qu'incarnaient les amateurs allaient remplacer la vision figée et sans âme des professionnels. Il y a un quart de siècle, en Allemagne, en Angleterre, en Amérique, cette nouvelle esthétique a émergé dans les

Aladár Székely: *The Industrialist and Patron of the Arts, Paul Ernst,* c. 1915. Gelatin Silver Print.

appeared in salons, camera clubs and shows in Germany, England and America twenty-five years ago, and those here in Hungary for the past fifteen years." Nádai was right. The creative work of the amateurs regenerated the stagnant state of photography.

From being a rarity, the number of amateur photographers increased, and the quality of their work improved. At the same time, much of what is today seen as the themes and priorities of the art of photography were becoming established. Most of the photographs taken during the sixty-odd years since the invention of photography had been studio-executed single or group portraits. Thus, perhaps the best-known professional photographer of the times, István Goszleth, was awarded the grand prize at the Budapest Millennium Exposition in 1896 for his series of sixty studio-posed photographs of the operetta star Klára Küry. Most other Hungarian photographers were working in the same vein.

But traditional studio photography all but disappeared from Hungarian exhibition halls between the turn of the century and 1920, with pictorialism as the only officially recognized trend. The techniques of pictorialism were painstaking and expensive. In pure economic terms, it was difficult for pictorialists to cover costs, let alone make a living from their work. Those who both considered themselves allied to the movement and whose financial livelihood came from photography usually used the technique for artistic, rather than commissioned work. In fact, most of the accomplished pictorialists were amateurs who had time and money to devote to their practice. They took their often lofty artistic ideals quite seriously and, as was the case elsewhere, formed new photographic societies and clubs.

This state of affairs stems from the complex exigencies of pictorialist techniques and aesthetics. The new camera clubs organized courses in the many complex procedures required to produce "artistic" images, but there were no professional schools where the procedures could be learned. In addition, the portraits, nudes and genre scenes that these amateurs created often required studios equipped for the natural light needed for printing-

Aladár Székely :
L'industriel-mécène Paul Ernst,
vers 1915. Épreuve au
gélatino-bromure d'argent.

Salons, les Photo-clubs, les expositions. Chez nous le culte de la photographie artistique d'amateur date peut-être d'une quinzaine d'années. » On peut lire dans ces lignes l'espoir que la photographie d'amateur ouvre de nouvelles voies à la photographie professionnelle, incapable de se régénérer. Nádai avait raison, même si le tableau est un peu plus complexe.

Effectivement, le nombre et la qualité des photographes amateurs, jusqu'alors peu nombreux, prenaient de l'ampleur. La photographie d'art, au sens où on l'entend aujourd'hui, s'affirmait, précisait ses thèmes et ses moyens. Jusqu'alors, c'est-à-dire durant la soixantaine d'années qui s'étaient écoulées depuis l'invention de la photographie, c'étaient essentiellement les photographes d'atelier, à côté d'un petit nombre d'amateurs, qui exposaient leurs portraits individuels ou de groupe les plus réussis. L'un des photographes professionnels les plus connus de l'époque, István Goszleth, reçut ainsi le Grand Prix de l'exposition du Millénaire à Budapest, en 1896, pour une collection de soixante photographies d'atelier représentant la chanteuse d'opérette Klára Küry dans autant de poses différentes... On pourrait citer encore bien d'autres exemples de ce genre.

La traditionnelle photographie de studio finit par disparaître presque entièrement des salles d'exposition, alors que la photographie d'art prenait forme. En Hongrie, depuis le tournant du siècle jusqu'aux années vingt, le pictorialisme devint le seul courant officiellement reconnu. Il faisait appel à des procédés longs et coûteux, pour un profit matériel généralement décevant. Seuls quelques-uns des photographes qui se réclamaient de cette esthétique pouvaient vivre de leur art, mais ils ne consentaient à recourir à ces procédés complexes que par ambition artistique et non pour répondre à des commandes. Aussi les meilleurs représentants du pictorialisme se recrutaient-ils chez les amateurs : ils avaient du temps, de l'argent, un idéal artistique et travaillaient au sein d'associations et de clubs nouvellement créés.

Il y a plusieurs raisons à cette situation. Les critères techniques et esthétiques du pictorialisme sont très rigoureux. En l'absence d'écoles professionnelles, on ne pouvait apprendre parfaitement ces procédés, nombreux et complexes, qu'aux cours organisés

out processes. The clubs also served as sites for the exchange of ideas, experimentation and critiques. They organized group shows, which like other exhibitions taking place on national and international levels, were essential means for communication and cohesion.

Pictorialist style draws from the rules, themes and lineage of the aesthetic traditions of painting as well as the graphic arts. Because of their ambition for parity with the "aristocratic" fine arts and the ideals behind their creative interventions into image production, one name for pictorialist printing techniques was the "noble process." This was also a way of valorizing the atmospheric gestures of the images, which otherwise may have been considered insignificant or frivolous.

Approaches to photography and photographic styles took shape in Hungary as genres developed, and a schism took place between artistic and utilitarian sectors. Specialists in reporting, illustrating and portraiture replaced the studio professionals who until that time had been called upon for all sorts of jobs, from covering events, to urban and scientific documentation. Commercial reproduction of images had also become a full-scale industry, with the capability to print fine detail and effects. This led to a growing number of illustrated magazines, and the demand for photographs accordingly increased.

The photographic currents of the period prepared the way for modern Hungarian photography to take off in the twenties, with its particular idiom and stylistic diversity. Every element in the emergence of photography as an autonomous art form, everything that later came to be important in photography, appeared in incipient form during this period. To whatever extent they accepted or rejected contemporary practices and trends, this was the context in which Kertész, Brassaï, and Moholy-Nagy (as well as Olga Máté, József Pécsi, Aladár Székely and Rudolf Balogh, to name only a few) embarked on their careers.

One of the reasons for the increase in portrait photography in the first decades of the twentieth century was an increase in the number of amateur photographers. Another relevant factor concern the technical proficiencies

dans les clubs. En outre, les portraits faits par les amateurs, leurs nus et scènes de genre si prisés à l'époque, n'étaient en général réalisables que dans les ateliers à éclairage naturel dont disposaient certains clubs. Leur existence permettait aussi échanges d'expériences, critiques et expositions en commun. Les expositions nationales et internationales organisées par les clubs sont alors devenues l'un des plus importants facteurs de cohésion et d'organisation de la vie artistique des amateurs.

Les photographies réalisées dans ce contexte ont donné forme au style pictorialiste. Ses auteurs puisaient leurs connaissances, leurs règles et leurs thèmes dans l'esthétique et les traditions de la peinture comme de l'art graphique. L'ensemble des techniques de tirage en usage dans le pictorialisme fut désigné par le terme de « procédés nobles ». Les photographes exprimaient ainsi leur besoin de valorisation face aux beaux-arts « aristocratiques » qui les méprisaient ; les « procédés nobles » hissaient au rang des arts les plus élevés des fragments de réalité qui sans eux auraient été considérés comme triviaux.

Cette époque n'est pas seulement celle de l'organisation de la vie photographique et de l'essor de la photographie d'art en Hongrie. Différents genres se développaient en même temps et une scission eut lieu entre les domaines artistique et utilitaire. Cette séparation entraîna une spécialisation des photographes qui devinrent reporters, illustrateurs ou portraitistes. Jusqu'alors, les photographes d'atelier assumaient les commandes les plus variées, qu'il s'agisse de photographies événementielles, urbaines, de clichés à usage scientifique ou autre. Le développement de l'industrie de la reproduction et la possibilité d'imprimer des images nuancées ont favorisé l'apparition d'un plus grand nombre de magazines illustrés. Ainsi la demande de photographies s'est-elle fortement accrue.

Les courants nés à cette époque ont permis l'essor de la photographie hongroise moderne, qui s'affirme au milieu des années vingt, crée son propre langage et s'exprime dans divers styles. Au cours de cette période déterminante, presque tout ce qui compte en photographie était en gestation, et allait s'épanouir avec le temps en un art autonome rompant définitivement avec les arts plastiques. C'est dans ce contexte qu'ont fait leur apprentissage, acceptant ou rejetant les théories esthétiques et artistiques dominantes, des photographes comme Kertész, Brassaï, Moholy-Nagy, ou encore Olga Máté, József Pécsi, Aladár Székely et Rudolf Balogh, pour n'en citer que quelques-uns.

Le renouveau du portrait photographique dans la première décennie du XXe siècle est

Géza Szakál: Cover of the book
Photography Practice, 1916.

acquired by such Hungarian photographers as Angelo, Dénes Rónai, Aladár
Székely, Olga Máté, Ilka Révai, and Erzsi Landau in Germany and Austria,
when they studied with famous masters such as Rudolph Dührkoop, Nicola
Perscheid, Hugo Erfurth and H. C. Kosel—some of whom made their way
to Hungary as well. Kosel gave a talk on portraiture at the Budapest
Camera Club in the spring of 1909. The review *A Fény (The Light)*,
published work by Perscheid, d'Ora and Dührkoop. Several of Dührkoop's
photographs were exhibited at the Budapest International Exhibition of
1910, and another influential photographic journal *Amatőr (Amateur)*,
published his words of praise for Hungarian photographers: "You may not
be aware of the extent of your renown throughout the rest of the world. It
is no exaggeration to say that the advent of Hungarians has lent vigor and
vitality to the morass of artistic photography. It used to be that we would
only get to see one or two Hungarian photographs in international
exhibitions. But in the last two years Hungarians have come to ascendancy,
both quantitatively and qualitatively."
The first images in this exhibition belong to the more stiff studio world
which the pictorialists came to replace, before modern prints replaced their
image manipulations. We have sought to present an overview of the period,
its currents and transformations in order to contribute to the study of both
the origins of modern photography and the environment which informed
photographers who later became famous, as well as to attract attention to a
period in the history of Hungarian photography which is little known.

Károly Kincses

1/French translation: *Photographs Made in Hungary*. Arles: Actes Sud/Motta, 1998. (Trans.)

32

Géza Szakál : Couverture du livre
La Pratique de la photographie, 1916.

dû en partie, on l'a dit, à l'augmentation du nombre des amateurs. Autre facteur, au moins aussi important : lors de leurs voyages d'études, ces photographes acquéraient des connaissances et des expériences pratiques, liés aux progrès techniques déjà en usage en Allemagne ou en Autriche. Angelo, Dénes Rónai, Aladár Székely, Olga Máté, Ilka Révai, Erzsi Landau et d'autres photographes ont étudié auprès de maîtres célèbres comme Rudolf Dührkoop, Nicola Perscheid, Hugo Erfurth ou H. C. Kosel. Ces derniers venaient souvent en Hongrie. Ainsi Kosel a-t-il donné, au printemps 1909, une conférence sur le portrait au Photo-club de Budapest. À la même époque, la principale revue photographique, *A Fény* (*La Lumière*), publiait les travaux de Perscheid, d'Ora et Dührkoop ; plusieurs photographies de ce dernier furent présentées à l'Exposition internationale de Budapest, en 1910. *Amatõr* (*L'Amateur*), l'autre excellente revue de photographie, reproduit les louanges que le maître allemand adresse aux photographes hongrois : « Vous n'avez peut-être pas idée de votre renommée à l'étranger. Je n'exagère pas en disant que l'arrivée des Hongrois apporte une vigueur et une fraîcheur nouvelles dans le marasme de la photographie d'art. Durant les dernières années [...] les Hongrois ont acquis une position dominante, tant en quantité qu'en qualité. »

Les premières images de cette exposition et ce catalogue montrent encore le monde factice et figé des ateliers auquel sont venues s'opposer les photographies pictorialistes, à leur tour dépassées par les photographies modernes non manipulées, se fiant à la seule force de l'image. En opérant notre sélection, nous avons veillé à présenter l'ensemble de la période, les courants et les changements. Nous aimerions contribuer ainsi à informer ceux qui étudient les sources de la photographie moderne, les débuts des photographes devenus célèbres, mais aussi attirer l'attention sur une période encore peu connue de la photographie hongroise.

Károly Kincses

1/Traduction française : *Photographs made in Hungary*, Arles, Actes Sud/Motta, 1998. (N.d.T.)

PHOTOGRAPHIES
PHOTOGRAPHS

Károly Divald : *Images des Carpates centrales. Vue depuis le pic de Nagyszalók*, 1881. Épreuve sur papier albuminé.
Károly Divald: *Views from the Central Carpathian Mountains, View from Nagyszalók Peak*, 1881. Albumen Paper Print.

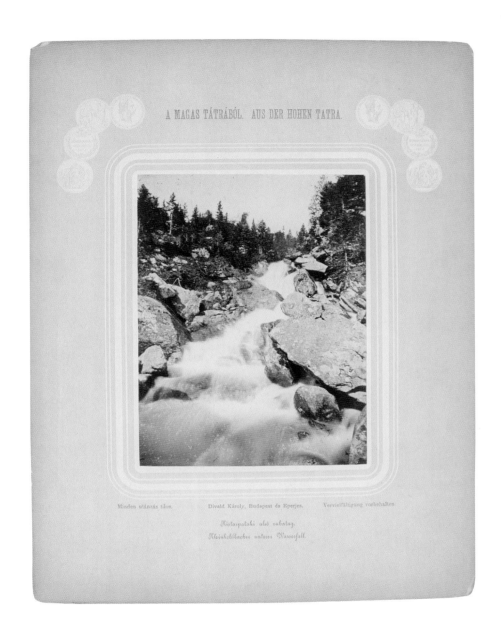

A MAGAS TÁTRÁBÓL. AUS DER HOHEN TATRA.

Minden utánzás tilos.　　Divald Károly, Budapest és Eperjes.　　Vervielfältigung vorbehalten.

Kistarpataki alsó vizhatag.
Kleinkohlbacher unterer Wasserfall.

Károly Divald : *Images des Hautes Tatras.*
Cascade du Petit Tarpatak, 1880. Épreuve sur papier albuminé.
Károly Divald: *Views from the Tatra Mountains,*
Small River Falls, 1880. Albumen Paper Print.

A MAGAS TÁTRÁBÓL. AUS DER HOHEN TATRA.

Minden utánzás tilos.   Divald Károly, Budapest és Eperjes.   Vervielfältigung vorbehalten.

Tüzelő kő a kis tarpataki völgyben.
Feuerstein im Kleinkohlbacher Thale.

Károly Divald : *Images des Hautes Tatras. La Pierre ardente*,
1880. Épreuve sur papier albuminé.
Károly Divald: *Views from the Tatra Mountains, Burning Rock*,
1880. Albumen Paper Print.

Les fils de Károly Divald : *Place Petőfi, Budapest*, 1891. Phototypie.
The Divald Brothers: *Petőfi Square, Budapest*, 1891. Collotype.

[haut] Les fils de Károly Divald :
Le cours Andrássy (Körönd), *Budapest*, 1891. Phototypie.
[bas] Les fils de Károly Divald :
Vue du mont Gellért, *Budapest*, 1891. Phototypie.
[top] The Divald Brothers: *Andrássy Boulevard (Körönd)*,
Budapest, 1891. Collotype.
[bottom] The Divald Brothers: *View from Gellért Hill*,
Budapest. 1891. Collotype.

György Klösz : *Jeune femme aux patins à glace*, vers 1895.
Aristotype au collodion.
György Klösz: *Woman on Skates*, c. 1895.
Collodion Aristotype.

Károly Divald fils : *Groupe d'enfants*, vers 1895. Aristotype au collodion.
Károly Divald (Junior): *Group of Children*, c. 1895. Collodion Aristotype.

Mór Erdélyi : *Vitrine de Jenõ Csoknyay à l'Exposition,*
vers 1895. Épreuve sur papier albuminé.
Mór Erdélyi: *Jenö Csoknyay's Shop Window at the Exhibition,*
c. 1895. Albumen Paper Print.

Kábelvezetés a budai hegypálya támfalán

Budapesti fővámtéri Dunahid

Épitették Gaertner és Zsigmondy
épitő vállalkozók.

[haut] György Klösz : *Pose des câbles sur le mur de soutènement
du funiculaire, Budapest*, vers 1885. Épreuve sur papier albuminé.
[bas] Károly Divald : *Construction d'un pont sur le Danube, à la hauteur
de la place Fövám, Budapest*, 1896. Épreuve sur papier albuminé.
[top] György Klösz: *Cables of the Budapest Funicular*, c. 1885.
Albumen Paper Print.
[bottom] Károly Divald: *Fövám Square—Construction of a Bridge
on the Danube, Budapest*, 1896. Albumen Paper Print.

Iván Vydareny : *Après-midi de pluie à Tabán, rue Hadnagy,*
1908/1928. Épreuve au gélatino-bromure d'argent.
Iván Vydareny: *Rainy Afternoon in Tabán, Hadnagy Street,*
1908/1928. Gelatin Silver Print.

Rudolf Balogh : *Les quais du Danube en hiver, Budapest*, 1909.
Épreuve au gélatino-bromure d'argent, 1929.
Rudolf Balogh: *Danube Embankment in Winter, Budapest*, 1909.
Gelatin Silver Print, 1929.

József Pécsi : *Autoportrait Renaissance*, 1911. Épreuve au charbon.
József Pécsi: *Self-Portrait in Renaissance Costume*, c. 1911. Carbon Print.

József Pécsi : *Autoportrait* anno domini *1910*. Épreuve à l'huile.
József Pécsi: *Self-Portrait* Anno Domini *1910*. Oil Print.

Aladár Székely : *Portrait de femme*, vers 1918. Aristotype au collodion.
Aladár Székely: *Portrait of a Woman*, c. 1918. Collodion Aristotype.

István Kerny : *Madame Kerny avec ses filles devant le pont aux Chaînes,*
Budapest, 1911. Épreuve au gélatino-bromure d'argent.
István Kerny: *The Kerny Family, with Pest and the Chain Bridge*
in the Background, 1911. Gelatin Silver Print.

Oszkár Kallós : *Le petit salon du château des Károlyi*, vers 1910.
Aristotype au collodion.
Oszkár Kallós: *Small Parlor in the Károlyi Manor House*, c. 1910.
Collodion Aristotype.

Oszkár Kallós : *Le salon de la comtesse Károlyi*, vers 1910.
Aristotype au collodion.
Oszkár Kallós: *Countess Károlyi's Parlor*, c. 1910.
Collodion Aristotype.

Dénes Rónai : *Le peintre Béla Uitz*, 1914. Épreuve au charbon.
Dénes Rónai: *The Painter Béla Uitz*, 1914. Carbon Print.

József Pécsi : *Le violoncelliste Pablo Casals*, 1914. Épreuve au charbon.
József Pécsi: *The Cellist Pablo Casals*, 1914. Carbon Print.

József Pécsi : *Femme au bouquet*, 1915. Épreuve au charbon.
József Pécsi: *Woman with a Bouquet*, 1915. Carbon Print.

István Kerny : *Tziganes*, 1915. Épreuve au gélatino-bromure d'argent.
István Kerny: *Gypsy Family*, 1915. Gelatin Silver Print.

József Schermann : *Tempête de neige*, 1916.
Épreuve à la gomme bichromatée, 1930.
József Schermann: *Blizzard*, 1916.
Gum Bichromate Print, 1930.

Rudolf Balogh : *Artilleurs*, 1915. Épreuve au gélatino-bromure d'argent.
Rudolf Balogh: *Artillerymen on Horseback*, 1915. Gelatin Silver Print.

Károly Escher, *Tabán*, 1917. Épreuve à l'huile.
Károly Escher: *The Tabán District, Budapest*, 1917. Oil Print.

Károly Escher : *Rue*, 1916. Épreuve à l'huile.
Károly Escher: *Street*, 1916. Oil Print.

Aladár Székely : *Madame Székely avec son fils*, 1910.
Épreuve au gélatino-bromure d'argent.
Aladár Székely: *Mrs. Székely and Her Son*, 1910.
Gelatin Silver Print.

Olga Máté : *Portrait de femme à la robe blanche*, 1918. Épreuve à l'huile.
Olga Máté: *Portrait of a Woman in a White Dress*, 1918. Oil Print.

Olga Máté : *Deux dames avec leur chien*, 1918. Albumine mate.
Olga Máté: *Two Ladies with their Dogs*, 1918. Matte Albumen Print.

Olga Máté : *Portrait de femme en habit d'hiver, avec manchon,*
vers 1920. Épreuve à l'huile.
Olga Máté: *Portrait of a Woman in Winter Clothes and Muff,*
c. 1920. Oil Print.

Olga Máté : *Portait d'enfant nu*, 1920. Épreuve à l'huile.
Olga Máté: *Nude Child*, 1920. Oil Print.

Olga Máté : *Portrait de femme*, 1918. Albumine mate.
Olga Máté: *Portrait of a Lady*, 1918. Matte Albumen Print.

Angelo : *Le violoniste János Radics*, 1926.
Épreuve gélatino-argentique.
Angelo: *The Violinist János Radics*, 1926.
Gelatin Silver Print.

József Pécsi : *Le peintre Aurél Bernáth*, vers 1920. Épreuve à l'huile.
József Pécsi: *The Painter Aurél Bernáth,* c. 1920. Oil Print.

Anonyme : *Couple de paysans au bord du Danube, Budapest,*
vers 1920. Épreuve pigmentaire.
Anonymous: *Peasant Couple on the Banks of the Danube,*
Budapest, c. 1920. Pigment Print.

Angelo : *Scène estivale*, vers 1920. Épreuve à la gomme bichromatée.
Angelo: *Summer Scene*, c. 1920. Gum Bichromate Print.

József Schermann : *Embarcadère sur le Danube, côté Pest,*
1920. Épreuve à l'huile.
József Schermann: *Danube Embankment, Pest Side,*
1920. Oil Print.

József Schermann : *Bateau sur le Danube, côté Buda*,
vers 1923. Épreuve au gélatino-bromure d'argent.
József Schermann: *Boat on the Danube, Buda Side*,
c. 1923. Gelatin Silver Print.

Angelo : *Port*, vers 1925. Report à l'huile.
Angelo: *Harbor*, c. 1925. Oil Transfer.

Angelo : *Dans le port d'Anvers*, vers 1926. Épreuve à l'huile.
Angelo: *Antwerp Harbor,* c. 1926. Oil Print.

Angelo : *Dans le port d'Amsterdam*, vers 1926. Épreuve à l'huile.
Angelo: *Amsterdam Harbor*, c. 1926. Oil Print.

Angelo : *La mer du Nord*, 1920. Report à l'huile.
Angelo: *North Sea*, 1920. Oil Transfer.

Olga Máté : *Nu de dos*, 1922. Aristotype à la gélatine.
Olga Máté: *Nude's Back,* 1922. Gelatin Aristotype.

Jacques Faix : *Nu agenouillé*, vers 1920. Bromoil.
Jacques Faix: *Kneeling Nude*, c. 1920. Bromoil.

Anonyme : *Le magasin de Gyula Dániel, Budapest*, vers 1920.
Épreuve gélatino-argentique.
Anonymous: *Gyula Dániel's Shop, Budapest*, c. 1920.
Gelatin Silver Print.

Rudolf Balogh : *Rue enneigée, Budapest*, vers 1920.
Épreuve au gélatino-bromure d'argent.
Rudolf Balogh: *Snow-Covered Street*, Budapest, c. 1920. Gelatin
Silver Print.

Aladár Székely : *Hôtel Europa, Paris. La chambre d'Endre Ady,*
vers 1920. Épreuve gélatino-argentique.
Aladár Székely: *Hôtel Europa, Paris: Endre Ady's Room,*
c. 1920. Gelatin Silver Print.

Erzsi Landau : *Iván Hevesy*, 1920. Bromoil.
Erzsi Landau: *Iván Hevesy*, 1920. Bromoil.

Olga Máté : *Barques de pêcheurs*, vers 1923.
Épreuve au gélatino-bromure d'argent.
Olga Máté: *Fishing Boat Wharf*, c. 1923.
Gelatin Silver Print.

Rudolf Balogh : *Le pont Élisabeth, la nuit*, vers 1925.
Épreuve au gélatino-bromure d'argent.
Rudolf Balogh: *The Elizabeth Bridge at Night*, c. 1925.
Gelatin Silver Print.

József Pécsi : *Tabán*, 1925. Épreuve à la gomme bichromatée.
József Pécsi: *Tabán*, 1925. Gum Bichromate Print.

József Pécsi : *À la campagne*, 1927. Épreuve à l'huile.
József Pécsi: *In a Country Village*, 1927. Oil Print.

Dénes Rónai : *Poules dans la neige*, 1933. Épreuve à l'huile.
Dénes Rónai: *Chickens in the Snow,* 1933. Oil Print.

Dénes Rónai : *Aube de mai*, vers 1926. Bromoil.
Dénes Rónai: *Dawn in May*, c. 1926. Bromoil.

Angelo : *La comédie commence*, 1926. Épreuve à l'huile.
Angelo: *And the Show Begins*, 1926. Oil Print.

Iván Vydareny : *Au balcon de l'architecte*, 1925. Épreuve à l'huile.
Iván Vydareny: *The Architect's Balcony*, 1925. Oil Print.

István Kerny : *La démolition de l'église Saint-Déméter, Szeged,*
1926. Épreuve à l'huile.
István Kerny: *Demolition of Saint Demetrius Church, Szeged,*
1926. Oil Print.

Iván Vydareny : *Lumière du matin*, 1928. Épreuve pigmentaire.
Iván Vydareny: *Morning Light*, 1928. Pigment Print.

István Kerny : *Budaörs*, 1928. Bromoil.
István Kerny: *Budaörs*, 1928. Bromoil.

József Pécsi : *Hiver*, 1928. Épreuve pigmentaire.
József Pécsi: *Winter*, 1928. Pigment Print.

József Pécsi : *Pêcheur au bord de l'eau*, 1928. Épreuve à l'huile.
József Pécsi: *Standing Fisherman*, 1928. Oil Print.

József Schermann : *Au port, Budapest*, vers 1933. Épreuve à l'huile.
József Schermann: *In the Harbor, Budapest*, c. 1933. Oil Print.

József Pécsi : *Publicité pour la machine à écrire Royal,*
1928. Épreuve pigmentaire.
József Pécsi: *Advertisement for Royal Portable Typewriters,*
1928. Pigment Print.

József Pécsi : *L'artiste Lajos Kassák avec une publicité pour un médicament,*
1927. Épreuve à l'huile.
József Pécsi: *The Artist Lajos Kassák with a Medicine Advertisement,*
1927. Oil Print.

József Pécsi : *La danseuse Flóra Korb*, 1926. Épreuve pigmentaire.
József Pécsi: *The Dancer Flóra Korb*, 1926. Pigment Print.

Aladár Székely et László A. Székely : *Danseuse*, vers 1927.
Épreuve gélatino-argentique.
Aladár Székely and László A. Székely: *Dancer*, c. 1927.
Gelatin Silver Print.

József Pécsi : *Le journal* Az Est, 1927. Épreuve à l'huile.
József Pécsi: *The Newspaper* Az Est, 1927. Oil Print.

József Pécsi : *Publicité pour le parfum Worth*, 1929. Épreuve à l'huile.
József Pécsi: *Worth Perfume Advertisement*, 1929. Oil Print.

Olga Máté : *Tulipes*, 1930. Épreuve au gélatino-bromure d'argent.
Olga Máté: *Tulips*, 1930. Gelatin Silver Print.

Aladár Székely et László A. Székely : *La danseuse Castellano Soboll*,
vers 1927. Épreuve gélatino-argentique.
Aladár Székely and László A. Székely: *The Dancer Castellano Soboll*,
c. 1927. Gelatin Silver Print.

István Kerny : *Saut en hauteur*, 1922.
Épreuve au gélatino-bromure d'argent.
István Kerny: *High-Jumper*, 1922.
Gelatin Silver Print.

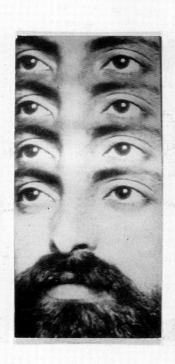

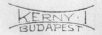

István Kerny : *Autoportrait à effets spéciaux*, vers 1915.
Épreuve au gélatino-bromure d'argent.
István Kerny: *Self-Portrait with Special Effects*, c. 1915.
Gelatin Silver Print.

Olga Máté : *Nature morte avec œufs et champignons*, 1930.
Épreuve au gélatino-bromure d'argent.
Olga Máté: *Still Life with Eggs and Mushrooms*, 1930.
Gelatin Silver Print.

Iván Vydareny : *Jeu de lumière*, 1927. Épreuve à l'huile.
Iván Vydareny: *Play of Light*, 1927. Oil Print.

József Pécsi : *Le petit déjeuner*, 1929. Épreuve à l'huile.
József Pécsi: *Breakfast*, 1929. Oil Print.

József Pécsi : *Publicité pour Tungsram*, 1930. Épreuve à l'huile.
József Pécsi: *Tungsram Advertisement*, 1930. Oil Print.

József Pécsi : *Table dressée*, vers 1930.
Épreuve au gélatino-bromure d'argent.
József Pécsi: *Table Setting*, c. 1930.
Gelatin Silver Print.

József Pécsi : *Au restaurant*, 1932.
Épreuve au gélatino-bromure d'argent.
József Pécsi: *Restaurant*, 1932.
Gelatin Silver Print.

Rudolf Balogh : *La crémerie de l'île Margit, Budapest*, vers 1936.
Papier velours gélatino-argentique.
Rudolf Balogh: *Margit Island Dairy Bar*, Budapest, c. 1936.
Gelatin Silver on Velours Paper.

Jacques Faix : *Jeune homme à la raquette de tennis*, vers 1931.
Épreuve au gélatino-bromure d'argent.
Jacques Faix: *Young Man with Tennis Racquet*, c. 1931.
Gelatin Silver Print.

Iván Vydareny : *La loupe*, 1932.
Épreuve au gélatino-bromure d'argent.
Iván Vydareny: *Magnifying Glass*, 1932.
Gelatin Silver Print.

Olga Máté : *Gardiens de chevaux à l'abreuvoir*, 1937.
Épreuve au gélatino-bromure d'argent.
Olga Máté: *Hostlers Drawing Water*, 1937.
Gelatin Silver Print.

József Schermann : *Embarcadère sur le Danube*, vers 1935.
Épreuve au gélatino-bromure d'argent.
József Schermann: *Danube Pier*, c. 1935.
Gelatin Silver Print.

József Pécsi : *Au port*, 1932.
Épreuve au gélatino-bromure d'argent.
József Pécsi: *Port*, 1932.
Gelatin Silver Print.

József Pécsi : *La mode. Mme József Pécsi,* vers 1934.
Épreuve au gélatino-bromure d'argent.
József Pécsi: *Fashion: Mrs. József Pécsi,* c. 1934.
Gelatin Silver Print.

Remarks on the Photographs

*The order of the following remarks is slightly different
from the placement of the photgraphs in the catalogue.
Numbers refer to the pages.*

11 If you compare this photograph to Rembrandt's *Dr.
Tulp's Anatomy Lesson* of 1632, you have to admire the
great efforts that went into its making. The aristocrats
and serious-minded intellectuals in this image dressed
themselves up in the manner of their analogues in
Rembrandt's famous painting, and posed themselves
accordingly. They sought to reproduce everything
precisely, from the position of their hands to the
direction of their gazes. The photographer also went so
far as to break with the workshop convention of
uniform lighting in seeking to reproduce a chiaroscuro
effect, evocative of Rembrandt, to bring out significant
details. Among those who posed for the photograph are
a politician, an astronomer, a doctor, and a pianist.

13 Rudolf Balogh's first Budapest night scenes already
reveal the reasons his photographs came to be so
celebrated in the decades that followed. This image was
made a quarter of a century before Brassaï began
shooting the nocturnal Parisian scenes which earned
him lasting fame. Balogh's series dates from 1907 to
1909. Considering the relatively weak light sensitivity of
photographic plates at the time, the limited capacities of
the period's lenses in dark conditions, and the complete
absence of light-meters, capturing such a view must
have been no easy task. But a century later—when the
photograph is as successful as this one, and the snow-
covered city is this pretty—consideration of these
difficulties may never enter the viewer's mind.

15 No matter how complex, there was not a single
pictorialist technique that Schermann did not master.
Anyone who has tried his or her hand at the gum
bichromate process knows that it takes much time and
effort, requiring technical expertise as well as manual
dexterity.

29 In his 1958 history of photography, Iván Hevesy
wrote about Aladár Székely: "In each photograph,
Székely knew how to keep the essential separate from
the incidental. . . . Material elements never invade the
foreground, where they might attract too much
attention. Székely aimed never to reveal but always to
characterize his sitters. The fact that these subjects
were the most illustrious writers, poets, musicians,
thinkers, painters, and sculptors of his day made
Székely's task both simpler and more difficult. While
his portraiture, with its skillfully measured realism,

remains unequalled to this day, the pioneering nature
of his work becomes clear only upon comparison with
the work of his predecessors."

35 Károly Divald's father opened the first phototypy
workshop in Hungary in 1878 (in Eperjes, current day
Prejov, Slovakia). He published albums and the sort of
landscape images that served a function much like that
of postcards, which would soon more or less replace
them. Their most characteristic albums presented
images of the Tatra Highlands and other portions of the
Carpathian range. Thus the 1873 album, *Die
Zentralkarpathen und deren einzelne Partien* (*The
Central Carpathian Mountains, with Areas of Detail*)
was comprised of thirty large-format images taken
during a family trip, as was the 1879 album *Bilder der
Hohen-Tatra* (*Views from the Tatra Mountains*).
The average altitude of these mountains is 8,200 feet
(2,500 meters), and it was necessary to carry the many
pieces of equipment that were then required for the
making of photographs all the way up. One can imagine
the Divald team embarking on such a mission, rising to
leave the village early in the morning in order to reach
the summit in time to catch the right light. Károly
Divald would be trekking up behind the guide, with a
large, partially collapsible metal-tipped stick in his hand.
This cane unfolded to serve as the tripod. Behind Divald
might come the strongest member of the team, with the
camera's 55–65 lb. (25–30 kg) black box strapped to his
back. Another man probably carried the enormous light-
proof drapery, and another the pegs for setting up this
cloth to make a tent-style provisional darkroom.
Someone would be responsible for toting the heavy, well
protected glass plates, while the box of chemicals was
probably carefully strapped to the shoulders of two
more assistants. Another assistant would bring up the
water supply, another the table for the tent. This list is
probably far from complete! The photographic team
would reach the summit after a five-hour climb. Divald
would step into the tent, pour the collodion over the
glass plates, and sensitize them with silver nitrate while
the camera was being assembled and positioned.
Sensitizing the plates was a difficult operation, requiring
just the right touch, and it took an hour for the plates to
attain the required level of light sensitivity. Finally, the
photographer would step out of the tent, armed with his
chassis of light-sensitive plates. If the light had changed
during this time, the team would pack up and climb
back down the mountain having taken no photographs,
and await better atmospheric conditions. This elaborate
rigmarole was gone through by all photographers using
the wet collodion process to take pictures from nature
during this period. This present photograph was part of
the series *Views from the Central Carpathian*

Commentaires

Les photographies sont commentées selon un regroupement légèrement différent de celui du catalogue. Les numéros renvoient aux pages.

11 Prenez un album de reproductions de Rembrandt, ouvrez-le à la page de *La Leçon d'anatomie*, tableau peint en 1632 et intitulé aussi *L'Anatomie du docteur Tulp*, et admirez. Pour cette photographie, des aristocrates et d'austères savants ont repris les vêtements et la pose des personnages de Rembrandt ; le photographe les a placés avec précision, veillant au moindre détail, de la position des mains jusqu'à la direction des regards. Il a également veillé, rompant avec la pratique de la photographie en atelier, à remplacer l'éclairage uniforme par la « lumière de Rembrandt » pour renforcer ses effets. Parmi les personnages ainsi vêtus se trouvent un artiste peintre, un ministre, un astronome, un médecin et un pianiste.

13 Les premières images de Budapest prises de nuit par Rudolf Balogh annoncent le célèbre photographe qu'il deviendra au cours des décennies suivantes. Ce cliché précède d'un quart de siècle les photographies nocturnes de Paris prises par Brassaï. La série fut réalisée entre 1907 et 1909. La tâche dut être délicate, car à l'époque les plaques étaient relativement peu sensibles, les objectifs avaient une faible puissance lumineuse, et la photométrie était totalement absente. Un siècle plus tard, le rappel de ces difficultés ne toucherait guère le spectateur si la photographie n'était aussi réussie, si la ville couverte de neige n'était aussi belle.

15 Il n'est pas un seul procédé pictorialiste, aussi complexe soit-il, que Schermann n'ait pratiqué en maître. Quiconque a déjà réalisé des tirages à la gomme sait combien de temps, de travail, de savoir technique et d'habileté manuelle ce procédé requiert.

29 Voici comment Iván Hevesy caractérisait Aladár Székely dans son *Histoire de la photographie* parue en 1958 : « Dans chaque photographie, il savait distinguer l'essentiel de l'accessoire [...]. Les éléments matériels ne se bousculent jamais au premier plan de ses clichés pour attirer l'attention. Il ne veut pas démasquer, mais toujours caractériser. Le fait que les modèles d'Aladár Székely étaient les plus illustres écrivains, poètes, musiciens, savants, peintres et sculpteurs rendait son travail à la fois plus simple et plus difficile. De nos jours, son art du portrait, son réalisme savamment mesuré ne sont toujours pas dépassés, mais le caractère pionnier de ses œuvres apparaîtra clairement si on le compare aux travaux de ses prédécesseurs. »

35 Károly Divald père ouvre en 1878 à Eperjes (aujourd'hui Prejov en Slovaquie) le premier atelier de phototypie de Hongrie. Il publie des albums et des reproductions de tableaux représentant des paysages ; ces images font à l'époque office de cartes postales. Les albums les plus caractéristiques rassemblent des vues des monts et vallées des Carpates et des Hautes Tatras. Ainsi, l'album paru en 1873 intitulé *Die Zentralkarpathen und deren einzelne Partien* (*Les Carpates centrales avec certains détails*) contient trente photographies de grand format, tout comme l'album spécial de 1879, rassemblant également trente images réalisées à l'occasion de la visite de la famille impériale dans les Tatras et intitulé *Bilder der Hohen-Tatra* (*Images des Hautes Tatras*). L'altitude moyenne de ces montagnes est de 2 500 mètres : il fallait monter jusque-là tout le matériel que la photographie de l'époque exigeait. On peut imaginer comment cela se passait. Par un beau matin d'été, vers six heures, l'équipe quitte le village. Derrière le guide chemine Károly Divald. Il a à la main une immense canne à bout métallique : c'est le support de l'appareil photographique qu'un ingénieux système permet de plier pour en réduire l'encombrement. Derrière lui vient le plus fort de ses assistants, avec l'immense chambre noire de l'appareil, pesant au bas mot 25 à 30 kg, attachée sur son dos à l'aide de sangles. Un des hommes qui suivent porte les toiles de tente de la chambre noire, un autre les piquets. Un autre encore porte une caisse emplie de plaques de verres de grand format soigneusement emballées et d'un poids considérable. La caisse de produits chimiques est tenue avec prudence par deux autres hommes à l'aide de lanières passées sur les épaules. Le neuvième homme porte un bidon d'eau, le dixième, la table de la tente, et ainsi de suite. Après cinq heures d'escalade et d'efforts, la troupe arrive au sommet. Le maître entre dans la tente qui sert de chambre noire pour verser le collodion sur les plaques de verre, puis les sensibiliser avec le nitrate d'argent, tandis qu'à l'extérieur, un assistant place l'appareil. La sensibilisation des plaques prend une heure ; c'est une manipulation extrêmement délicate, et la moindre inattention se paye chèrement.

Enfin, le photographe ressort de la tente avec le châssis rempli de plaques sous le bras. Mais pendant qu'il travaillait, le soleil s'est caché, un brouillard blanc a gagné peu à peu la montagne, et on n'y voit plus qu'à quelques pas. Il ne reste plus qu'à redescendre au village après avoir tout remballé, sans avoir pu réaliser le moindre cliché. Tous ceux qui faisaient des photographies dans la nature à l'époque de la technique du collodion humide travaillaient ainsi. Cette photographie est extraite de l'album intitulé *Images des Carpates centrales* ; des centaines d'autres, du même genre, furent réalisées dans des conditions aussi difficiles.

Mountains. Hundreds of others in this genre were created under equally difficult circumstances.

36, 37, 38, 39 The invention of the postcard as such at the end of the nineteenth century was merely the response to a need and a function that had been in place for quite some time. Long before that moment, people all over the world often found the places where they did not live more interesting than those where they did. While the very wealthy might purchase Ming vases in Asia or an Egyptian mummy, most people contented themselves with buying images of the places they visited. This was a boon to photographers. Photography workshops produced hundreds of postcard images from each negative, in a variety of formats and on different supports. The consumer demand for photographs steadily increased over the final decade of the nineteenth century and the early years of the twentieth. This period was also characterized by constant innovations and discoveries in the area of photographic reproduction. An exemplar of the era, the Divald studio used a range of processes, including collotypy, phototypy, photolithography, heliography (copper plate bitumen), and other early photomechanical processes.

40 After working as a pharmacist in Durlach, Germany, Klösz arrived in Hungary in the 1860s. He wended his way throughout the country with his traveling, carriage-bound lab, taking pictures everywhere he went. In this way he photographed four hundred of Hungary's castles and fortresses. He also created an ample array of photographs of Budapest during the "peaceful years." These images reveal the city's great urban evolution, the construction and demolition, preparations for the extravagant Magyar Millennium Celebration, schools, factories, machines and military maneuvers. Klösz also did some studio work; witness this image.

41 The Károly Divald who made this picture was a member of the second generation of the family of illustrious photographers, members of which are still contributing to the art today. Looking only at this particular photograph one might wonder why the work of this family attracted so much attention. Everything that advocates of the "new style" spurned is present, from the painted background to the papier-mâché boat, the opened parasol in the indoor setting, and the idealized pose of the children. Though charming, the ensemble is completely artificial. While very popular during the period, this style soon gave way to more personal and individualized images. In fact, it is not based on the merits of this cliched portrait, but rather on his views of the Tatra Mountains, his city scenes, and the work of his studio in producing postcards that

Károly Divald junior stands as a mainstay of Hungarian photography.

42 When two masters of their respective domains met some one-hundred-six-years ago, this was the outcome of their collaboration. Jenö Csoknyay was the founder and head of Szentendre, the largest tool manufacturer in Hungary. Mór Erdélyi was photographer to the imperial and royal court of Budapest. The industrialist artistically arranged his gleaming scissors, planes, vices, wrenches, pliers, and other tools, and the photographer showed them off in their best light, corrected lines of perspective, etc. Two great minds; one great work.

43 top The quickest way to get from the summit of Castle Hill to the center of the city is by taking the *Siklo*, or snake, as it is called by everyone in Budapest. The captions are quite precise on György Klösz's images, and he was probably the first person to call the *Sikló* the Buda Funicular since its builder, Count Ödön Széchenyi, took the maiden cable-car journey, on March 2, 1870. The trajectory is 95 meters, at an angle of just under fifty degrees. Klösz shares a number of characteristics with Eugène Atget. For instance, having made this image as part of a commission for the funicular company, Klösz probably thought of it not as art, but as part of an honest day's work at documenting. Only late-coming dilettantes like us find the image so interesting. This is the result of Klösz's photograph, plus one hundred sixteen years of viewing practices and fashions.

43 bottom This photograph was taken at 10 A.M. on January 10, 1896. The photographer himself provided this information. Why? To make us think about time. The hours ticked by at the same rate then as now, with human beings born and dying within the same chronological parameters. The photographer wished to suggest as much. Meanwhile, the bridge's subsequent history seems only to confirm important lessons about consistency and continuity in time. This bridge was first known as the Fövám Square Bridge, before being renamed the Franz Josef Bridge as a tribute to the new, and second-to-last king of Hungary. Later it was officially given another name, the Liberty Bridge (*Szabadság-híd*). This name has survived into the present political era.

44 This area of Budapest now exists only in the eternity of novels, poems, paintings, and photographs such as the present one. Kertész took photographs there, and pictures of the same place by Pécsi are also included in this exhibition catalogue. But the photograph was taken by Iván Vydareny. Vydareny was an architect by profession, and a talented amateur

36, 37, 38, 39 La carte postale, au sens actuel du terme, n'existait pas encore à la fin du XIXᵉ siècle, mais son besoin se faisait sentir. En effet, les gens trouvaient déjà à cette époque que les villes, les pays étrangers et les continents lointains étaient plus intéressants que les leurs. Les plus riches achetaient en Extrême-Orient un vase de la dynastie Ming, certains se payaient une momie égyptienne, mais la plupart se contentaient d'acheter des vues des endroits qu'ils visitaient, pour le plus grand bonheur des photographes. En partant des négatifs, leurs assistants reproduisaient les images à des centaines d'exemplaires, en différents formats et selon diverses techniques de tirage. La demande de photographies ne fit que s'accroître et de nouveaux procédés de reproduction, comme la phototypie, l'héliogravure, la photolithographie, la photoglyptie, furent mis au point... La famille Divald a connu toutes ces étapes.

40 À l'origine, György Klösz travaille comme pharmacien à Durlach, en Allemagne, et n'arrive en Hongrie que dans les années 1860. Il sillonnera le pays avec son laboratoire ambulant installé sur une charrette, et photographiera sans relâche. Il réalisa ainsi une série de plus de quatre cents images de châteaux de Hongrie. C'est à travers ses photographies que l'on connaît le Budapest des « années de paix » ; elles témoignent des grands changements urbains, des démolitions, des constructions, des préparatifs grandioses pour l'exposition du Millénaire. Elles montrent les manœuvres militaires, les écoles, les usines, les machines. Il réalisa également des travaux d'atelier, comme cette image.

41 Cette image est l'œuvre d'un représentant de la deuxième génération de la célèbre dynastie de photographes Divald — certains de ses enfants et petits-enfants exercent encore ce métier de nos jours. À la vue de cette seule photographie, on pourrait se demander pourquoi le travail de cette famille d'artistes est si apprécié. Il y a là en effet tout ce contre quoi les partisans du nouveau style de portrait photographique se sont élevés : l'arrière-plan peint, une imitation de barque en papier mâché, un parasol sous la verrière de l'atelier, des enfants idéalisés prenant la pose. L'ensemble est parfaitement factice, mais a beaucoup de charme. Ce style, caractéristique de l'époque, a rapidement cédé la place à un autre, meilleur, respectant davantage les individus. Mais les paysages des Tatras de Divald fils, ses photographies de ville, puis les travaux de son atelier de reproduction de cartes postales ont inscrit son nom dans l'histoire de la photographie hongroise.

42 Il y a cent six ans, deux maîtres remarquables se rencontrèrent à cette exposition : Jenő Csoknyay, le fondateur et directeur de la première usine hongroise d'outils,

de Szentendre, et Mór Erdélyi, le photographe de la cour impériale et royale, de Budapest. L'industriel a placé de manière artistique ses outils rutilants — cisailles, racloirs, étaux, haches, pinces à crémaillère... —, et le photographe les présente sous l'éclairage le plus flatteur, en corrigeant les lignes convergentes de la perspective de manière à les mettre en valeur. Deux maîtres en leur genre, une œuvre...

43 haut Dans l'argot budapestois, le chemin le plus court reliant le sommet du mont du Château au centre de la ville est appelé *Sikló*, « la couleuvre ». C'est en fait le « funiculaire de Buda », comme l'a imprimé sous sa photographie György Klösz, qui accordait beaucoup d'importance à la précision. Il est vraisemblable que personne n'a jamais employé cette appellation, depuis le 2 mars 1870, jour où le premier engin à câble, dont le constructeur était le comte Ödön Széchenyi, a effectué son premier voyage sur une distance de 95 mètres avec une pente de près de 50 %. On pourrait trouver de nombreux traits communs entre Atget et Klösz. Réalisant cette photographie à la demande de l'entreprise d'exploitation du funiculaire, son auteur ne se considérait sans doute pas comme un artiste, seulement comme un bon artisan. C'est nous, dilettantes tardifs, qui trouvons cette photographie si intéressante. Son auteur est donc très exactement : György Klösz *plus* cent seize ans...

43 bas Cette image fut prise exactement le 10 janvier 1896 à 10 heures du matin. Cette précision, due au photographe, a sa valeur : pour que nous puissions apprécier le temps, il importe que nous voyions qu'à cette époque les heures défilaient de la même façon, et que les hommes vivaient et mouraient dans les mêmes cadres temporels. La précision du photographe évoque tout cela, mais le pont est également important. On l'appelait aussi le pont de la place Fővám, et il fut bientôt rebaptisé pont François-Joseph, en signe de loyauté envers l'avant-dernier roi. Il garda ce nom longtemps, avant de prendre celui de pont de la Liberté *(Szabadság-híd)*, qui a survécu au dernier changement de régime.

44 Ce quartier de Budapest n'existe plus, mais dans les romans, les poèmes, les tableaux et les photographies telles que celle-ci, il est devenu éternel. Pécsi et Kertész, notamment, ont photographié ces lieux. L'auteur de cette photographie est Iván Vydareny, architecte, mais aussi peintre de talent et excellent photographe. Cette image condense les trois facettes du personnage.

45, 83 Lorsqu'il réalise ces clichés, Balogh est encore un photographe d'atelier mais il se dirige déjà vers la photographie de presse, l'illustration, le reportage. C'est grâce à lui et à certains de ses compagnons que les magazines

painter and photographer. This photograph covers the three facets of Vydareny's work.

45, 83 When Balogh made these prints he was still a studio photographer, but his production of news, illustration and journalistic photographs was beginning to gain an upper hand. At the time, the rising number of illustrated magazines turned increasingly to photographers of Balogh's caliber (in addition to the images they received from amateur and dilettante photographers) to obtain the photographs they printed. Because of the high quality work they actively featured, these magazines soon served a role as photographic forums for the dissemination of exciting new images. At the same time, such venues established photography's central role in the modern press. With *Danube Embankment in Winter* and other images of its kind made during this period, Balogh came to have a strong influence on developments in "artistic" urban photography. Intentionally or not, he became an important reference for the next generation of photographers, including Kertész.

46 This photograph was made a year after the one which is beside (fig. page 47). There are similarities, yet at the same time an evolution is evident. Pécsi was still studying in Munich at this point, but he was at the same time willing to boldly explore artistic techniques not used by his teachers. A month after having created this image, Pécsi received his diploma, with honors. A year after that he opened his own photography studio in Budapest.

47 This remarkable photograph presents opportunities for investigating the influence of Rudolf Dührkoop on the young Pécsi. The placement of the figure within the picture frame, the stark contour lines, the slightly low camera angle, the subtle echo of the left side's light effects on the right, the date, and the text written on the photograph are all recurrent elements found in the work of the German master and his followers. "AETATIS SUAE XXI," "in his twenty-first year," reads the portrait. At this point Pécsi was a student at the Munich School of Photography. His aesthetic signature could already be discerned, and he had apparently mastered the techniques that would characterize his work for the whole of his career.

48 According to the critic Pál Nádai, "The new stylistic approach produced several major photographers whose work harmoniously combined technical know-how and artistic taste. The foremost among these photographers was arguably Aladár Székely, who single-handedly waged a long, solitary war against convention. . . . His portraits of writers and artists are studies in the best sense of the

term. They explore the expressive possibilities of light and optical instruments that were his tools for inscribing on photosensitive paper, and with breathtaking simplicity, everything to accentuate on a face. The strong, objective vision of the Hamburg photographer Dührkoop, with his precise, non-academic style, seems to have influenced Székely's aesthetic."

49 This image is one of innumerable and similar family photographs taken before and during the twentieth century. The family, dressed in their Sunday-best, stroll across the Chain Bridge, take the funicular up to the Castle and then, after a stop in a pastry shop, head toward Fisherman's Bulwark. From there one can take in a beautiful panoramic view of part of Buda and just about all of Pest. At this point the camera is taken out, and the family is positioned in such a way that they and the view in the background can be captured for posterity. In this way the Kerny family is thoroughly typical. But the resultant image seems to surpass most others.

50, 51 What was the subject matter of a photographer who left just enough room for his name amid indications such as "photographer of the imperial and royal court," "photographer of the prince's court," "Reigning Prince Coburg-Gotha's photographer," and "the photographer of the Order of Malta"? Well, the interiors of royal and aristocratic residences, hunting scenes, receptions, balls, and ladies and gentlemen in eveningwear. Kallós created his images with great technical skill, as well as proper humility and respect for etiquette and social position. His works afford a fine and accurate representation of the life and world of the Hungarian nobility.

52 In February 1908 Dénes Rónai, then aged thirty-two, and his cousin Aladár Székely, received a study stipend that enabled them to spend six months in Germany, Belgium, and France. In 1910 Rónai returned to Budapest, and in November of that year he opened his own photography studio at 17 Váci Street. The studio quickly became the favored meeting place for young artists and writers. Among those frequently seen there were the painters József Rippl-Rónai, Ödön Márffy, Béla Kádár, Hugó Scheiber, and then János Kmetty, Pál Pátzay, and as this photograph indicates, one of the main figures of the activist movement, Béla Uitz.

53 In 1916 Pál Nádai wrote, "Thanks to the images that have appeared in German art publications, József Pécsi is the bestl-known Hungarian artist outside this country. No other photographer, whether professional or amateur . . . considers his work more seriously. He is equally a master in all domains, from mechanical techniques to chemical processes to forms of artistic

illustrés, de plus en plus nombreux, ne publient pas seulement les clichés que leur envoient les amateurs, mais commandent des photographies aux professionnels les plus actifs, donnant ainsi à la photographie un statut définitif dans la presse. *Les quais du Danube en hiver, Budapest* est une œuvre de cette époque. Cette image et d'autres analogues ont exercé une influence durable sur la photographie urbaine artistique. Sans le chercher, Balogh a été un maître pour de nombreux jeunes photographes, y compris Kertész.

46 Cette photographie, réalisée un an seulement après celle qui lui fait face, lui ressemble tout en révélant une évolution. Si Pécsi en est encore à l'époque de l'apprentissage, à Munich, il recourt déjà beaucoup moins aux moyens artistiques appris auprès de ses maîtres et s'exprime plus audacieusement. Un mois plus tard, il obtiendra son diplôme avec mention ; la même année, il ouvrira son atelier à Budapest.

47 Cette remarquable photographie permet d'analyser l'influence de son maître Dührkoop sur le jeune Pécsi à Munich. La disposition dans l'espace, le découpage étroit, l'appareil en légère contre-plongée, le côté droit qui renvoie délicatement à la lumière venant de gauche, la date, le texte écrit sur la photographie : tous ces éléments relèvent de l'école du maître allemand. « AETATIS SUAE XXI », lisons-nous sous le portrait. Cet élève de l'École de photographie de Munich, à vingt et un ans donc, possède déjà les connaissances techniques et esthétiques qui le caractériseront tout au long de sa vie.

48 « La nouvelle orientation a produit quelques photographes de premier plan, des maîtres dont le goût artistique et les connaissances techniques se marient harmonieusement. Le premier dans ce domaine fut sans doute Aladár Székely qui a mené contre les conventions un long combat solitaire [...]. Ses images d'écrivains et d'artistes sont des études au meilleur sens du terme. Des études sur les possibilités d'expression de la lumière et des instruments optiques grâce auxquels il inscrivait sur le papier photosensible, avec une remarquable simplicité, tout ce qui est à accentuer sur un visage. La vision forte et objective du Hambourgeois Dührkoop, son style précis et quelque peu académique semblent influencer sa représentation. » Cette analyse est due au brillant critique Pál Nádai.

49 Voici l'une des milliers de photographies de famille prises avant et durant le XXᵉ siècle. Dimanche matin : la famille met ses plus beaux habits, traverse en flânant le pont des Chaînes, prend le funiculaire pour monter au château, puis, après une halte dans une pâtisserie, poursuit son chemin vers le bastion des Pêcheurs. Là, on

contemple un bon moment un panorama effectivement splendide, une partie de Buda et pratiquement la totalité de Pest, puis le chef de famille sort son appareil, place la famille de manière à ce que tous entrent dans le cadre, avec le panorama en fond. Ainsi faisaient les Kerny, comme tant d'autres. Mais cette photographie est un peu différente. Tout simplement meilleure que beaucoup d'autres...

50, 51 Que peut photographier un photographe qui a fait imprimer sur sa carte de visite : « photographe de la cour impériale et royale, photographe de la cour princière, photographe du prince régnant de Cobourg-Gotha, photographe de l'ordre de Malte » ? Encore heureux qu'il reste un peu de place pour son nom... Bref, que peut photographier un tel homme, si ce n'est des intérieurs de châteaux, des chasses à courre, des réceptions, des bals, des dames et des messieurs en habits de gala ? Et il le fait avec un grand savoir technique, l'humilité nécessaire, et un respect scrupuleux de l'étiquette. Son œuvre photographique restitue un tableau fidèle de la Hongrie nobiliaire.

52 En février 1908, Dénes Rónai, alors âgé de trente-deux ans, et son cousin Aladár Székely obtiennent une bourse d'étude de six mois qui leur permet de se rendre en Allemagne, en Belgique et en France. En 1910, Rónai revient à Budapest et, en novembre, ouvre au 17, rue Váci, un atelier qui deviendra rapidement le lieu de prédilection des jeunes artistes et écrivains. Il est fréquenté entre autres par les peintres József Rippl-Rónai, Ödön Márffy, Béla Kádár, Hugó Scheiber, puis par János Kmetty, Pál Pátzay et, comme le montre cette photographie, par l'une des figures de proue du mouvement activiste, Béla Uitz.

53 On pouvait lire en 1916 dans la revue *A Fény*, sous la plume de Pál Nádai : « Grâce à ses clichés parus dans les revues d'art allemandes, József Pécsi est notre artiste le plus connu à l'étranger. Aucun photographe, qu'il soit professionnel ou amateur, [...] ne considère son métier avec plus de sérieux que lui. Qu'il s'agisse de technique, de photochimie ou des formes d'expression artistique, il maîtrise tous ces domaines avec une égale assurance. [...] Dans ses images, il obtient un effet frappant par la simplicité de la structure, la manière dont il saisit un violoncelliste avec son instrument, ou place un corps arqué dans un espace clos… »

54 « József Pécsi pratique la photographie en professionnel, et c'est l'une des rares personnes qui ne considèrent pas leur métier seulement comme une source de revenus, mais qui sont au service d'idéaux plus élevés [...]. Chacune de ses œuvres est la solution parfaitement

expression . . . His photographs produce striking effects through simplicity of structure, whether the image is of a cellist with his instrument or a body arching in space."

54 "József Pécsi is a professional photographer. But he is a rare example of someone who doesn't consider his work merely as a source of monetary gain. He is employed in the service of higher ideals. . . . Every one of his images is the perfect solution to a complex series of self-imposed problems. Pécsi is clear headed. As he avoids all eccentricity, the originality of his compositions are in no way bizarre. They exude the virtuosity of his technique and the excellence of his taste." So wrote a critic in *A Fény* (*The Light*) in 1911. An informed eye might also detect the slightest touch of Rudolf Dührkoop's influence here.

55 István Kerny began working for the Hungarian Royal Post and Telegram Service in 1900, when it was undertaking the establishment of a national above and below ground telegraph and telephone network. Kerny came upon this Gypsy family traveling by wagon during one of the HRPTS's inspection tours, and made this photograph of them breaking bread. There were still a great number of traveling gypsies at the time, leading what was often a difficult life. From the photographer's perspective it was an eminently romantic sight, which he presented in a thoroughly romantic manner.

56 During World War I, a foot soldier in the Austro-Hungarian army was equipped at any given moment with about 55 pounds (25 kilograms) of material. This included a repeating rifle, a bayonet, an ammunition belt, a knife, a gas mask, supplies for counteracting the effects of chemical weapons, a shovel, a mess kit, blankets, canned provisions, clothing, toiletries, and more. Soldiers covered up to 60 miles (100 kilometers) a day, in cold and snow, and in the midst of grenade bursts and gas attacks. Anyone who also carried a camera, dozens of heavy glass plates, and all the materials necessary to make photographs at that time certainly had to feel strongly about capturing such events for posterity. József Schermann did not have the constitution of a prize fighter, but he succeeded in both escaping the fate of the hundreds of thousands of men who died in the snow covered battle fields of Russia, and recording the episode.

57 "It is not through drawing or painting that images of modern war and warfare come to us today. This was true during both the conflict between Russia and Japan and the Balkan conflict, and it is also the case in the current world war." Thus begins an anonymous 1915 article published in the review *A Fény* (*The Light*). The author goes on to point out that in the twentieth century European combat takes place through technical means, and that World War I was being fought with machines. The early-twentieth-century belief that only photographs could represent the truth without distortion or falsification was at the time a strong argument for its primacy over painting for the representation of war and related events. Both methods of warfare and ideas about truth in photography have become far more sophisticated since then.

58, 59 With these two photographs Escher ended the first chapter of his career, as an industrial draftsman for the Schlink-Nicholson Company. He had begun working there in 1911. Both prints bear the influence of Imre Belházy, an excellent amateur photographer with whom Escher studied. They also suggest little of the outstanding photo-reportage work Escher would soon begin to produce. Before becoming one of the all-time masters of that genre, Escher did cinematic work (1916–19). He was a cameraman for the weekly Kinoriport newsreel, and then for the revolutionary "Red Film" bureau of the *Vörös Film Riport* cinematic news service, for whom he covered important historical events. As a reporter, Escher consistently maintained his distance from the sophisticated, stylized poses, and time-consuming processes of the pictorialists. Like Márton Munkácsi, he most often worked under Rudolf Balogh's directorship at the photographic journal *Est Lapok*.

60 On first glance, this appears to be a simple family portrait. The photographer's wife lies on the couple's bed alongside Lacika, their one-and-a-half-year-old son. The son would grow up to be László A. Székely, a talented painter who took charge of his aging father's photography studio. If World War II had not led to his deportation and death in the Ukraine, László A. Székely would certainly have kept up the family business.

61, 62, 63, 64, 65 The photography critic Pál Nádai wrote the following in an article entitled "Artistic Photographers," which appeared in *A Fény* (*The Light*) in 1916: "More elegant, more picturesque, and more sensitive than Aladár Székely, Olga Máté combines the sensibility of the artistic amateur with technical expertise. Máté's photographs exude a painterly quality without her having to place her subjects against idyllic backgrounds, vintage furnishings, or opera decors, or the use of any other cheap effects."

66 The Radics family had several extremely talented members. Béla Radics's orchestra was applauded throughout Europe, enthralling all the royal courts and heads of state. János Radics, the violinist pictured in this

aboutie d'un problème complexe. Il est sobre. Il évite les excentricités, il ne veut pas se faire remarquer par des bizarreries mais par l'originalité de ses compositions, la virtuosité de sa technique et la finesse de son goût », pouvait-on lire dans *A Fény* en 1911. Un observateur averti peut aussi déceler dans cette image l'influence, à peine perceptible, de Rudolf Dührkoop.

55 En 1900, István Kerny entre au service des Postes et Télégraphes royaux de Hongrie. Employé à la construction du réseau télégraphique et téléphonique, il conçoit le tracé des câbles aériens et souterrains. C'est à l'occasion d'une tournée d'inspection qu'il remarque une famille de tziganes voyageant en chariot ; il fixe le moment où le chef de famille distribue le pain. À cette époque, il y avait encore beaucoup de tziganes nomades. Une vie sans doute difficile. Pour un photographe, c'était un sujet plein de romantisme.

56 Durant la Première Guerre mondiale, l'équipement d'un fantassin de la monarchie austro-hongroise comprenait un fusil à répétition, une baïonnette, une cartouchière, un poignard, un masque à gaz, un équipement contre les armes chimiques, une pelle de sapeur, une gamelle, des couverts, des boîtes de conserve, une couverture, des habits de rechange, des produits d'hygiène, etc., soit environ 25 kg de matériel. Le soldat parcourait ainsi, dans la neige et le froid, jusqu'à cent kilomètres par jour, au milieu des coups de feu, des grenades, des attaques au gaz... Pour se charger en plus d'un appareil photographique, de plusieurs douzaines de plaques de verre et de tout ce dont un photographe avait besoin en ce temps-là, il fallait aimer passionnément cet art et être mû par la volonté d'immortaliser les événements. József Schermann n'avait certes pas une constitution de lutteur, mais par miracle il a échappé au massacre de plusieurs centaines de milliers d'hommes dans les champs enneigés de Russie, ce dont témoigne cette photographie.

57 « L'illustrateur de la guerre moderne n'est ni le dessinateur ni le peintre, mais le photographe. C'était le cas durant le conflit russo-japonais, celui des Balkans et c'est le cas dans la guerre mondiale qui fait rage en ce moment. » C'est en ces termes que commence l'article d'un auteur anonyme paru dans la revue *A Fény* en 1915. Les nations d'Europe, ajoute-t-il, se livrent une guerre de machines. Il y a encore une raison pour laquelle l'appareil photographique, et non le pinceau du peintre, doit immortaliser cette tuerie : la conviction absolue, indiscutable à l'époque, que la photographie montre la vérité sans la déformer, sans mentir. Aujourd'hui nous en savons un peu plus sur les origines des guerres et le degré de vérité de la photographie...

58. 59 Escher était depuis 1911 dessinateur industriel puis technicien à l'usine Schlick-Nicholson. Le premier chapitre de sa vie — huit ans de travail — se clôt lorsqu'il réalise ces deux photographies. On voit sur ces bromoils l'influence de son premier maître, l'excellent amateur Imre Belházy. Il est assez difficile de deviner d'après ces images que ses remarquables photoreportages, des années plus tard, feront d'Escher l'un des maîtres du genre. C'est que le passage de l'un à l'autre n'est pas direct : après avoir quitté l'usine, Escher s'illustre d'abord dans le cinéma. De 1916 à 1919, il s'occupe de la chronique hebdomadaire dans la firme Kinoriport, puis, devenu opérateur de la chronique cinématographique révolutionnaire de la République des Conseils (*Vörös Film Riport*, section reportage du « Film rouge »), le premier service d'informations cinématographiques), il témoigne des événements historiques. Il prend ainsi ses distances avec les poses maniérées, les « procédés nobles », sophistiqués et longs à mettre en œuvre. Il devient ensuite photoreporter et, sous la direction de Rudolf Balogh, fournit pendant quelques années, avec Márton Munkácsi, des photographies au journal *Est Lapok*.

60 C'est à première vue une simple photographie de famille. L'épouse du photographe est couchée dans le lit conjugal avec le petit Lacika âgé d'un an et demi. Celui-ci deviendra un jour László A. Székely, peintre doué qui reprendra l'atelier photographique de son père vieillissant. Il l'aurait sûrement dirigé longtemps avec le même talent, s'il n'y avait eu la guerre, la déportation et la mort...

61. 62. 63. 64. 65 « Plus décorative, plus pittoresque et sensible qu'Aladár Székely. Une femme qui allie la sensibilité des amateurs à une connaissance technique approfondie. La picturalité émane de chacune de ses photographies sans qu'elle ait besoin d'entourer ses personnages d'effets à bon marché, comme un arrière-plan idyllique, des meubles anciens ou un décor d'opérette. » Voilà ce qu'écrit à propos d'Olga Máté le critique Pál Nádai dans un article intitulé « Les photographies artistiques », paru dans *A Fény* en 1916.

66 L'Europe entière a applaudi l'orchestre de Béla Radics, accueilli dans toutes les cours royales et princières. János Radics, un des membres de cette nombreuse et illustre famille, a connu lui aussi une réussite brillante. Ce cliché est représentatif des plus belles traditions du portrait photographique : les taches qui forment l'arrière-plan, l'éclairage qui met en valeur le sujet, la composition classique qui accentue sa situation centrale et place son violon dans l'axe de symétrie de la photographie, le rôle éminent des mains qui soulignent le lien entre le personnage et l'objet...

portrait by Angelo, was as brilliantly successful in music as Angelo initially was in the field of photography. This Angelo photograph is an outstanding example of a perfectly executed traditional portrait. The background tonalities are rich yet subtle. The lighting deftly brings out the sitter's personality. The subject's classically central position and the symmetrical placement of the violin in relation to the main axis of the composition create a sense of consummate balance and harmony. Angelo calls attention to János Radics's hands in order to underscore the vital link between the subject and the object which brought him his fame.

67 Get hold of a celebrity. Place him under indirect lighting, and use an unfocused lens in such a way that only his best characteristics stand out. Next arrange this into a symmetrical composition, with the head leaning to the left balanced against the shoulder dipping slightly to the right and a hand shining out at the bottom of the image. Use the greasy oil technique, executed with all the refinement perfection can bring to bear on the medium. That is the recipe Pésci used to whip up this classic portrait.

68 Nowadays one sees plenty of tourists pausing at these stone parapets along the banks of the Danube, catching their breath or enjoying the view. This photograph presents two older peasants in the same place, apparently having come from far away and extremely tired out from their journey. But the attitude of the two couldn't be more contrasted. The hardness of the woman's life is evident, but she sits straight and tall, her clothing neat and her gestures self-possessed. The man however, slumps in a heap, bent forward and leaning on his elbows: the very image of lassitude.

69 Like the penny-a-liner newspaperman who suddenly writes a magnificent sonnet, Angelo photographed thousands of clients in his studio—from small time actresses, to everyday men about town, to families. Then one day he came up with this amazing photograph. The picture irreversibly transforms a fleeting moment of a summer's day into an expression of incomparable timelessness.

70, 71, 95 József Schermann the creator of these images, is the prototype of the amateur photographer of the times. A banking executive during the week, each Sunday he took off in search of images with his camera around his neck. At night, while the family slept, he used the bathroom as a darkroom, and once a week he spent a day at the camera club. He kept a careful inventory of his work, and from time to time submitted images to exhibitions. In 1921, along with

some friends who also put up capital, Schermann founded the review *Fotómüvészeti Hírek* (*Photo News*).

72 Great pains were taken to produce this picture. Oil prints of this sort are rare, requiring about two full days of work. Of course, a true "reproduction" of such an image would be completely impossible, and any additional prints would require just as much time, effort, and skill. This is the only known print of this image.

73, 74 "Photographs with clear contours produce no artistic effect." This statement, made in 1915 by the photographer Zoltán Kiss in the review *A Fény* (*The Light*) might seem surprising to some of today's photographers. Kiss's view was based on the notion that because images made with modern lenses are more distinct and detailed than the human eye can see, they are by definition unpleasing. In accordance with this conception, images should be softened in order to satisfy the eye's capacity for image resolution. This perspective, which was commonly expressed at the time, in fact stands in diametric opposition to today's enthusiasm for precision and information, our frequent impatience with images whose contents and messages are not immediately clear, and contemporary aesthetic disapprobation of photographs with soft focus and softened contours.

75 The making of this photograph is extremely interesting. Since Angelo was as skilled with pen and brush as he was with a camera, he was able to dream it up and then execute it according to his vision. One fine day, Angelo gathered up his collapsible 13 x 15 camera, his tripod, his black curtain, and his plates, and headed for the North Sea coast. Then he set up the camera, waited for just the kind of wave he wanted, captured it on film, repacked his equipment and headed home. Next Angelo developed the negative on glass, made a contact print, and printed an enlargement of the sea together with that of a ship from another negative. He developed and retouched the new, combined image, and after drying he created yet another image, a contact print. After bleaching the image (a necessary step in the oil print production process) he applied detail and tones with a brush, and once these dried, inked and press-printed the image. The resulting photograph was in turn retouched with paint and then glued to cardboard backing.

76 Máté became a member of the Art Photographers Club in 1914. She worked in the spirit of pictorialism but without its recourse to props, backgrounds, and conventional poses. Apparently she only pursued work that was pleasing to her personally. *Nude's Back* has

67 Prenez un modèle célèbre. Placez-le sous un éclairage indirect, servez-vous d'un objectif flou, de manière à mettre en valeur son côté le plus avantageux. Agencez le tout en une composition d'une parfaite symétrie, où la tête inclinée à gauche est équilibrée par l'épaule qui penche vers la droite et par la main dans le coin inférieur de l'image. Ajoutez à cela la technique de l'impression à huile assez lourde, mais appliquée à la perfection. Telle est la recette d'un portrait classique à la Pécsi.

68 De nos jours, après avoir visité Budapest, les touristes viennent se reposer sur ces parapets de pierre des bords du Danube. À l'époque de cette photographie, c'est un couple de vieux paysans venus de loin, extrêmement fatigués, qui s'est arrêté. La femme est âgée, usée, mais elle garde le dos droit, altier, ses gestes et ses vêtements sont ordonnés. Son mari, en revanche, s'est assis plus lourdement et, penché en avant, il s'appuie sur les coudes ; la tête baissée, il est l'image même de l'épuisement. Une différence d'attitude et une répartition des rôles qui vont à l'encontre de bien des idées reçues...

69 Angelo s'est peut-être trouvé un jour dans le même état d'esprit qu'un journaliste qui, lassé de la rédaction de sa pige quotidienne, écrit soudain un sonnet. Il a photographié des centaines de clients dans son atelier — petites actrices, bons vivants ordinaires —, et d'un coup, il en a eu assez et a rêvé cette image. Un peu comme une aspiration à un ailleurs devenue photographie...

70. 71. 95 József Schermann, l'auteur de ces images, est le prototype du photographe amateur de l'époque. Cadre dans une Caisse d'épargne, il part le dimanche, son appareil photographique au cou, à la recherche de sujets. La nuit, pendant que sa famille dort, il transforme sa salle de bains en laboratoire. Chaque semaine, il passe une journée au photo-club. De temps à autre, il envoie ses photographies à une exposition et recense soigneusement ses classements. En 1921, avec quelques amis qui y investissent leurs fonds propres, il fonde la revue *Fotómüvészeti Hírek* (*L'Information photographique*).

72 Cette image fut réalisée avec un soin tout particulier : un tirage au bromoil de ce format demande environ deux jours de travail. Naturellement, on ne peut pas, au sens classique du terme, reproduire l'image, chaque copie supplémentaire demandant autant de manipulations et de temps. On n'en connaît pas beaucoup d'exemplaires ; pour cette photographie, c'est le seul.

73. 74 « Les photographies aux contours nets ne produisent pas d'effet artistique. » C'est par cette phrase assez étonnante aujourd'hui que commence l'article du photographe Zoltán Kiss paru dans la revue *A Fény* en

1915. Il considère que les objectifs modernes donnent des images plus détaillées que ce que l'œil humain est capable de voir. Voilà pourquoi, selon lui, une vision trop nette est désagréable : il faut l'adoucir jusqu'à atteindre la capacité de résolution de l'œil. L'homme contemporain, à l'inverse, est passionné par l'information, la précision, il n'aime pas les images aux contours flous. Il peut même s'irriter s'il ne peut pas identifier au premier coup d'œil ce que représente une photographie. Et il ne serait guère étonnant qu'aujourd'hui un article commence par ces mots : « Les photographies aux contours flous ne produisent pas d'effet artistique »...

75 Comment fut réalisée cette photographie ? Angelo l'a inventée, dessinée, parce qu'il était aussi doué pour le crayon que pour l'appareil photographique. Il avait cette image en tête. Un beau jour, il prit son appareil de voyage pliable 13 x 18, son trépied, le voile noir, des plaques de rechange, se rendit au bord de la mer du Nord, installa son matériel, attendit cette vague-là, précisément, et la fixa. Puis il replia son installation et rentra chez lui. Il développa le négatif sur verre, réalisa ensuite un contact. Il fit un agrandissement du cliché de la mer et y incorpora un agrandissement du bateau d'un autre négatif. Il développa le tout, le retoucha, bref, combina les deux photographies. Il sécha et reproduisit l'image ainsi obtenue, en fit un nouvel agrandissement qu'il développa grâce à un tannage par contact, le blanchit, puis, au pinceau, appliqua les couleurs adéquates en tamponnant délicatement et réalisa ainsi le bromoil. Il imprima l'image peinte à l'aide d'une presse. Il fit encore quelques retouches à la peinture, et put enfin coller l'image sur son support en carton...

76 En 1914, Olga Máté devient membre du club des Photographes d'art. Elle travaille dans l'esprit du pictorialisme mais sans recourir aux accessoires, aux arrière-plans, et évite les poses conventionnelles. Elle n'accepte vraisemblablement que les travaux qu'elle a plaisir à mener. Son *Nu de dos* a fait école pendant des décennies dans la photographie hongroise.

77 « Le nu, ce genre varié qui se prête à un vrai travail artistique, a perdu beaucoup de sa valeur depuis qu'il s'est égaré dans les magazines et autres périodiques. Nous ne prêterions peut-être même pas attention au cynisme commercial qui discrédite aux yeux du public de goût les nus photographiques honorables, si nous n'avions pas encore en mémoire les expériences de nus d'il y a dix ou douze ans, grâce auxquelles des photographes sérieux et talentueux ont tracé des voies nouvelles et fécondes. » Voilà ce qu'écrivait en 1941 József Pécsi dans son essai intitulé *A modern aktfotó* (*La photographie de nu contemporaine*). Cet excellent photographe était aussi un historien de l'art visionnaire.

made its impact on several generations of photographers by now, in Hungary and abroad.

77 "Although it is inherently a genre with so many possibilities for real artistic treatment, since being taken up by magazines and other periodicals, the artistic value of images of nude subjects has diminished greatly. It is only the recollection of the serious and groundbreaking work done by photographers some ten or twelve years ago that permits the aesthetically informed eye to see beyond the contemporary commercial exploitation and cynicism of the genre and to contemplate the possibility for some present and future achievements." So wrote the photographer József Pécsi in an art-historically important essay, *A Modern Aktfotó* (1941).

78 Gyula Dániel must have commissioned this anonymously photographed immortalization of his store, himself, and his employees. His aim was probably promotional. But upon careful viewing, this shot of Budapest's Rottenbiller Street proves to be quite rich. In the second floor window stands an elderly man or woman who, whether accidentally or not, more than competes with Mr. Dániel for the prominent central position in the image. To the left the sign and window of a photographer's studio can be seen. Is this where the image was developed? At the edge of the street there is an advertisement for a party and performance at the Hungarian Parliament building. The wall posters include one encouraging mothers to vote in an upcoming election, one for a social event of the Ripka Party, and another for a social-political dinner party at the Old Pipe restaurant. There are the people behind the cart, the horse droppings in front of it, and the shadows of those who moved during the long exposure time. This seemingly simple commercial photograph turns out to be laden with social, temporal, and aesthetic attributes.

79 The image represents one of the central points in Budapest, Andrássy Street, near the Opera. The Opera Café can be seen to the left. When the picture was taken the café had already been in existence for forty years, and was in the process of one of its several renovations, this time according to the designs of the architect László Vágó. Little of the splendid interior from the café's heyday remains. But if it is snowing and one stops for a moment on the sidewalk across from the opera, peering into the café with one eye while focusing on the snow-blurred surroundings with the other, it is possible to get more than an inkling of what the site was like in 1920.

80 For years, Aladár Székely's series of photographs of Endre Ady were considered his finest work. One the greatest poets of the twentieth century took refuge from the harsh realities of Hungary in the room depicted here, one of the sixty thousand hotels in Paris. Unfortunately, Ady did not find the calm he sought, and died in 1919. Deprived of his subject, the portrait photographer took to the road and visited every place where Ady had lived. André Kertész was to repeat Székely's journey ten years later.

81 Erzsi Landau began taking photographs in 1916, studying with Olga Máté, among others. She and Máté became friends, as their correspondence attests. In 1919 she went to Vienna to study with Franz Xaver Salzer, then to Berlin, to study under Rudolf Dührkoop. She also met Erna Lendvai-Dircksen during this period. Working with these mentors led Landau to begin her career as a pictorialist. She opened a studio at number 12 Franz-Josef Street in Budapest. It was there that she photographed László Moholy-Nagy and his friend Iván Hevesy, the art historian and film theorist, seen in this image. Landau traveled widely throughout Germany and France, until settling in Paris in 1923, whereupon she completely changed her photographic style. Many of her works are in the possession of the Rapho Photographic Agency in Paris.

82, 116 These photographs bear witness to Máté's versatility and her ability to develop and evolve. Technically as well as compositionally, these images are completely "modern." While some artists keep producing in the style that brought them their earliest success, and become their own epigones, others are capable of constant renewal, while maintaining the level of their works' quality and impact. Olga Máté obviously belongs to the latter group.

84 By 1935, Budapest was a modern city divided into twenty districts, with a million and a half inhabitants. But Tabán, located between the Castle and Gellert Hill, was still a very old style neighborhood. Its particularities attracted the eye of many contemporary painters and photographers and it was also immortalized in a number of literary works. Nevertheless, it was also approximately at this time that this animated medieval neighborhood's close and small buildings, lively restaurants, and more or less bawdy houses were razed. Bocskai Square was located less than a minutes walk from there. That was where Kertész began his series of night photographs some years earlier, with a shot of his brother.

85 This was the great period of Hungarian Style photography, which dominated the scene for a quarter of a century after winning out over all competing aesthetic tendencies. The Style most often depicted views of everyday life in Hungary, with a special focus on country

78 Gyula Dániel a dû demander à un photographe, dont on ne connaît pas le nom, de l'immortaliser dans un but publicitaire, ainsi que ses employés et l'immeuble budapestois qui abrite son établissement. Mais cette vue de l'angle de la rue Rottenbiller réserve des surprises à qui sait la regarder attentivement. Derrière la fenêtre située juste au-dessus du magasin se tient une vieille personne (un homme ou une femme ?). Hasard ou pas, c'est cette personne, et non le propriétaire en tablier blanc debout devant sa boutique, qui est devenue la figure centrale de la photographie. Sur la gauche de l'image, on voit l'enseigne et la vitrine d'un photographe inconnu — peut-être l'auteur de cette photographie. Un panneau publicitaire annonce une soirée et une représentation artistique… au Parlement ! On voit sur des affiches murales un appel aux mères les incitant à aller voter, une invitation à l'assemblée générale du parti de Ripka, et une autre qui convie les sympathisants du Parti social à un dîner au restaurant de la Vieille-Pipe. Plus quelques hommes qui se tiennent derrière la charrette, le crottin de cheval sur le pavé, les silhouettes fantomatiques qui ont bougé pendant la longue exposition… Tout un inventaire dans une « simple » photographie.

79 L'image montre l'un des points centraux de Budapest, le boulevard Andrássy à la hauteur de l'Opéra. À gauche, on voit le Café de l'Opéra qui, à cette époque, existe déjà depuis plus de quarante ans ; lorsque la photographie est prise, il est en pleine rénovation — une des nombreuses réussites de l'architecte László Vágó. De nos jours, il ne reste presque rien du splendide intérieur de ce bâtiment. Mais quand il neige et qu'on s'arrête un instant sur le trottoir devant l'Opéra, que l'on regarde à l'intérieur d'un œil, l'autre percevant les alentours de manière floue, on peut encore voir cette artère telle qu'elle était en 1920.

80 C'est dans un des innombrables hôtels de Paris qu'Endre Ady, l'un des plus grands poètes du XXᵉ siècle, s'était réfugié, fuyant la réalité étouffante de la Hongrie. Une chambre où il ne trouva pourtant pas la sérénité à laquelle il aspirait. La série de ses portraits photographiques a été longtemps considérée comme le sommet de l'art d'Aladár Székely. Resté sans modèle après la mort du poète en 1919, le photographe prit la route et visita tous les endroits où ce dernier avait vécu, comme devait le faire André Kertész dix ans plus tard.

81 Erzsi Landau commence à photographier en 1918, faisant son apprentissage, entre autres, chez Olga Máté avec laquelle elle se lie d'amitié, comme en témoigne leur correspondance. En 1919, elle se rend à Vienne pour étudier auprès de Franz Xaver Salzer, puis à Berlin chez Rudolf Dührkoop. C'est l'époque où elle rencontre Erna Lendvai-Dircksen. Autant de maîtres qui expliquent que le début de sa carrière soit caractérisé par le style picto-

rialiste. Jusqu'à la fin de l'année 1922, elle a un atelier au 12, quai François-Joseph où, en 1919, elle photographie László Moholy-Nagy et son ami Iván Hevesy, l'historien d'art et critique de cinéma qu'on voit sur cette image. Elle fait plusieurs voyages d'étude en Allemagne et en France, pour s'établir en 1923 à Paris, où elle change complètement de style. À l'agence Rapho, à Paris, nombre de ses œuvres sont conservées sous le nom d'Ergy Landau.

82. 116 Ces photographies sont très différentes de celles d'Olga Máté présentées précédemment, non seulement par le sujet, mais aussi par le choix des moyens et par leur composition. Totalement modernes, elles mènent à ce constat : alors que certains artistes se figent dans le style qui leur a valu un certain succès, devenant ainsi leurs propres épigones, d'autres sont capables de se renouveler constamment en restant au même niveau d'exigence. Olga Máté était bien sûr de ces derniers…

84 Budapest était déjà une ville moderne, avec son million et demi d'habitants et sa vingtaine d'arrondissements. Il y restait cependant un quartier où tout artiste, tout photographe digne de ce nom, se devait d'aller au moins une fois : Tabán. C'est à peu près à l'époque où fut prise cette photographie qu'on rasa ce quartier médiéval coincé entre le mont Gellért et le mont du Château, où les maisons minuscules, les restaurants animés et les maisons galantes offraient des distractions aux Budapestois. De nombreuses œuvres littéraires et quantité de peintures et de photographies ont immortalisé ce lieu. À une rue de là se trouvait la place Bocskai où, dix ans auparavant, Kertész avait photographié son frère, inaugurant ainsi sa série de photographies nocturnes.

85 Cette époque vit la naissance du style « hongrois » qui allait régner durant un quart de siècle, triomphant de toutes les esthétiques photographiques qui l'avaient précédé, notamment celles qui avaient pris pour thème la vie des campagnes. De cette nouvelle photographie émanait une espèce d'optimisme officiel. En même temps, les « procédés nobles » étaient abandonnés, les agrandissements sur papier au gélatino-bromure d'argent brillant étaient considérés comme seuls dignes d'être exposés, le reste étant regardé comme un bric-à-brac démodé. Dans ce contexte, cette photographie apparaît bel et bien comme une prise de position à contre-courant.

86 Au premier coup d'œil, on peut voir là l'un des innombrables paysages pictorialistes. Neige, arbre, buissons : ce sont des éléments caractéristiques de ce genre de photographies. Mais à y regarder de plus près, on s'étonne de découvrir, au centre de l'image, quelques poules et un coq. Ce n'est pas vraiment un sujet pour un pictorialiste. Un clin d'œil ironique du photographe ?

themes. The Hungarian Style emanated a sort of official optimism. Except for shiny gelatin silver bromide prints, most of the "noble processes" of pictorialism were now considered outmoded and out of fashion. In this context, *Country Village* should probably be viewed as a statement on the current state of the art.

86 At first view *Chickens in the Snow* resembles any number of pictorialist outdoor scenes. Snow, trees, and bushes are characteristic elements of the genre. But closer attention will be arrested by the chickens and the rooster in the center of the image. These are not really subject matter for a pictorialist. Is this an ironic wink from the photographer?

87 Dénes Rónai began his professional life as an apprentice woodworker and coffin maker. Then he learned the baking trade, working for his father. His acquaintance with photography began when he came into contact with the traveling photographer from Szarvas, Farkas Rottmann. Rónai was twenty years old when he set foot in the first electrically lit studio in Vienna, that of Székely, Kalmár, and Szigeti. Rónai's next stop was Munich, where he learned the photo-intaglio process at Hanfstängle's Reproduction Studio. Then he went to Hamburg, where Rudolf Dührkoop introduced him to the fabrication techniques of matte albumen papers. His life was full of many surprising turns—something this very classic and pictorialist photograph may not suggest.

88 Pál Funk, known as Angelo, worked in the fashion industry in Paris until the outbreak of World War I, when he returned to Hungary. He thereupon established himself as a fashion photographer in Budapest, then in Nice and the Hague. Angelo also worked on films with Sándor Korda, the future Sir Alexander Korda. This photograph and its title take on deeper meaning in the context of the injustices to which Angelo was subject to, during World War II, because of his Jewish heritage After the war, the photographer had to struggle with continuing constraints imposed on him by the communist regime, as well as his own personal difficulties. The drama that was indeed only beginning in 1926 would turn out to be quite serious in the end.

89 The dome of the Hungarian parliament building is visible in the background. Those familiar with Budapest might correctly guess that the photograph is taken from an upper floor of a building at the far end of Kossuth Square. Iván Vydareny worked in the building in the architectural offices of Alfréd and Andor Wellish. The exact address is 4 Kossuth Square. It was while at the Wellish firm that Vydareny designed a number of

sumptuous edifices still standing in Budapest today. He devoted his free time to painting watercolors and making linotype prints, as well as to taking photographs. In addition, Vydareny was a contributor to a number of photography magazines. He also gave lectures on the "noble" processes, wrote books, and made several movies.

90 This church was built during the days of King Arpád in the eleventh century. It served as a fortification against the attacking Mongols from the east during wartime, and as a church tower during times of peace. Just how many people were saved within its walls remains one of history's many mysteries. It is known that after the Tartar invasions of the thirteenth century the tower was built up in the Gothic style. History is also silent on the reasons for its demolition between 1913 and 1926. Kerny has in fact immortalized only the edifice's final moments. Still, what remains of it today serves as the site and the scene for Szeged's annual outdoor opera festival.

91 At the time that this photograph was made, an article about Vydareny in the German magazine *Deutsche Lichtbild Kunst* declared Vydareny "the most gifted member of the Amateur Photographers' Association. In Vydareny's photographs, artistic talent goes hand in hand with dazzling technical mastery. His work is supremely nuanced and full of subtlety."

92 There were just a few years difference separating each man's stepping up to ticket counter N° 2 at the Kelenföld Station to buy a half-fare ticket to Budaörs, the small and quiet Swabian village only fifteen minutes outside of Budapest, where peasant families grew apricots and grapes. Both men carried a tripod and a camera in a leather case. Both took long walks in the village, stopping to take pictures when something caught their eye. They would return to Budapest the same evening and set about developing their negatives the same night. One of these men was Andor Kertész, the future André Kertész. The other was the author of this photograph, István Kerny.

93 It would be difficult to say exactly what differentiates this image from some of the young André Kertész's photographs of the Hungarian countryside. The light, the composition, the tones, the subject— everything is similar, except for one decisive factor of technique. Pécsi created *Winter* with a "noble" process requiring considerable darkroom work, something Kertész was entirely against. In fact, Kertész sent three excellent photographs to the 1924 Fourth Budapest Exposition of Art Photography at the Museum of Fine Arts. The jury sought to award the silver medal—with

87 Au début de sa carrière, Dénes Rónai est apprenti menuisier et fabrique des cercueils, puis il apprend le métier de boulanger auprès de son père. Il acquiert ses premières connaissances en matière de photographie en observant un photographe ambulant de Szarvas, Farkas Rottmann. Il n'a que vingt ans quand il entre chez Székely, Kalmár et Szigeti, le premier atelier à éclairage électrique de Vienne. Puis il se rend à Munich, où il apprend le procédé de l'héliogravure dans l'atelier de reproduction de Hanfstängl. Sa route le mène ensuite à Hambourg : chez Rudolf Dührkoop il s'initie à la fabrication de papier albuminé mat. On le voit, sa vie est pleine de tournants surprenants, ce que ne laisse pas deviner cette photographie très classique, très pictorialiste.

88 Pál Funk, dit Angelo, est dessinateur de mode à Paris lorsque la Première Guerre mondiale l'oblige à rentrer en Hongrie. Par la suite, il deviendra photographe de mode à Budapest, puis à Nice et à La Haye, et fera des films avec Sándor Korda, le futur Sir Alexander Korda. Cette image et son titre se chargent d'une valeur symbolique, quand on sait qu'Angelo connaîtra les persécutions antisémites de la Seconde Guerre mondiale, les difficultés économiques du contexte socialiste et d'autres problèmes personnels. En 1926, la « comédie » ne fait effectivement que commencer.

89 À l'arrière-plan, on voit la coupole du Parlement. Ceux qui connaissent bien Budapest peuvent en déduire que ce balcon se trouve à un étage élevé d'une maison située à l'extrémité de la place Kossuth. C'est le cas, car Vydareny a travaillé comme architecte de 1913 à 1949 dans le bureau d'étude d'Alfréd et Andor Wellish, situé au numéro 4. Il concevait de superbes immeubles qui existent encore de nos jours ; durant ses loisirs, il peignait, réalisait des eaux-fortes et des linogravures, prenait des photographies, collaborait à des revues spécialisées de photographie, donnait des conférences sur tous les « procédés nobles », écrivait des livres et tournait des films...

90 L'église fut construite à l'époque des Árpád, au XIe siècle. Lorsque la menace des hordes mongoles déferlant de l'est se précisa, la tour carrée qu'on voit sur cette image fut édifiée en hâte ; elle servit ensuite de clocher, en temps de paix, et de fortification pendant la guerre. L'histoire ne dit pas combien de personnes elle a sauvées, mais ce qui est sûr, c'est qu'après l'invasion tatare du XIIIe siècle, elle fut rehaussée, en style gothique cette fois. Les sources ne mentionnent pas non plus pourquoi l'église a été démolie en grande partie entre 1913 et 1926. Le fait est que le photographe n'a pu immortaliser que les derniers instants de l'édifice. Ce qui en reste sert aujourd'hui de décor pour les opéras donnés chaque été au Théâtre ouvert de Szeged.

91 Voici un extrait d'un texte consacré à Vydareny, paru dans *Deutsche Lichtbild Kunst* à l'époque où cette photographie a été prise : « Iván Vydareny est le plus talentueux de l'association des amateurs [...]. Chez Vydareny, le talent artistique va de pair avec une technique éblouissante, ses impressions sont les plus subtiles qu'on puisse voir dans ce domaine. »

92 Avec quelques années de décalage, deux hommes se sont arrêtés devant la caisse n° 2 de la gare de Kelenföld pour acheter un ticket demi-tarif pour Budaörs, un petit village souabe tranquille à un quart d'heure de Budapest. Tous deux portaient un appareil photographique dans une sacoche carrée en cuir, avec un trépied sous le bras. Le village de Budaörs était à cette époque habité par des paysans qui cultivaient abricotiers et vignobles. Les deux photographes faisaient de longues promenades dans le village, ponctuées par des photographies, puis rentraient chez eux à Budapest en fin de journée. La nuit, ils développaient leurs négatifs, réalisaient des contacts pour pouvoir montrer le lendemain où ils avaient flâné, ce qu'ils avaient vu. L'un s'appelait Andor Kertész — le futur André Kertész —, l'autre István Kerny ; cette photographie est de ce dernier.

93 Il n'y a peut-être pas beaucoup de différences entre cette photographie et certains paysages hongrois du jeune André Kertész. La lumière, la composition, les tons, le sujet, tout correspond, la différence décisive réside dans la technique. Pécsi a choisi un « procédé noble » demandant beaucoup de travail en laboratoire, ce que Kertész n'a jamais accepté. En mai 1924 a eu lieu à Budapest la IVe exposition de photographie d'art au musée des Arts appliqués. Kertész avait envoyé trois excellentes photographies que le jury souhaitait récompenser par la médaille d'argent à condition... qu'il reprenne ses très ordinaires agrandissements au gélatino-bromure d'argent et retire les mêmes photographies sur bromoil, un des procédés vénérés par le pictorialisme. Kertész refusa et ne reçut qu'un diplôme...

94 Magnifique papier Ingres, épreuve « noble » impeccable, tirage adouci : une image faite de taches blanches, grises et noires où prévaut la forme, non le sujet... Ceci est bien une photographie pictorialiste classique, emblématique du style de l'époque. József Pécsi, son auteur, écrivait en 1915 dans son livre *A fényképező müvészete* (*L'Art du photographe*) : « Notre imagination est en conflit permanent avec les possibilités qui surgissent impitoyablement à chaque stade de la photographie, fondée sur les lois de l'optique et de la chimie. L'artiste ne peut pas se contenter de regarder le dessin précis [...] de la lentille de la chambre photographique [...] ; il essaye de placer les lunettes de son âme devant l'objec-

one proviso. They wanted Kertész to resubmit his ordinary silver bromide prints as bromoils, one of the preferred pictorialist procedures. Kertész refused, and was merely awarded a certificate.

94 This classic pictorialist image is perfectly emblematic of the work of the epoch. Note the impeccable "noble" print, the beautiful, heavily laid paper, the soft tones of the image, and the fact that the positioning of the forms is more important than the subject matter. In his 1915 book *A Fényképezõ Müvészete (The Photographer's Art)* József Pécsi explained: "At each moment in the making of a photograph, the imagination is engaged in a conflict with the myriad possibilities which present themselves, all in keeping with the laws of optics and chemistry. The artist cannot be content with the design provided by a precise lens. . . . He must try to place the glasses of his soul in front of it. Photographs are made from the influence of the photographer's imagination, his aesthetic culture and artistic taste, and the joy of creation."

96 "Even in photography, the craftsman is attached to tradition and the conventional, while the artist draws from a treasure house of artistic possibility. Success depends on the photographer's instincts. The only conventions that the modern photographer need recognize are the requirements of modern art." No generalization concerning contemporary photography could better describe Pécsi and his work.

97 Lajos Kassák is the high priest of Hungarian Modernism. His paintings, poems, novels, manifestos, collages, and the art reviews he published were the founding elements for the contemporary avant-garde. This advertising shot was taken in Pésci's studio on Dorottya Street.

98 Flóra Korb was one of Pécsi's favorite models. She posed for him on her twenty-fourth birthday, the very day she returned to Budapest after studying dance in Munich with Olga Wesphal. Her great career as a classical ballet dancer was about to begin.

99, 103 These photographs bear the penciled signature of the son, László. Yet one of them also bears the seal of the father, Aladár, in the lower right hand corner. One image with two names; but how decide about the attribution when the experienced master photographer and father was already sick, and his son's known work would come to exhibit such talent?

100 Here is a newspaper in a József Pécsi photograph. This one dates from the January 27, 1927 edition of

political daily that was widely read at the time. The headline describes a politician's project for the augmentation of allocations for war orphans. Nearly a century separates us from World War I. But this photograph and the effect it has on the viewer remain, although the name of the man who proposed the measure is lost to history—and seltzer bottles have become more than a rarity.

101 The commemorative plaque affixed to the wall outside Pécsi's Budapest studio on the occasion of the twentieth anniversary of his death states: "He made advertising photography into an art." His book, *Photo und Publizität (Photo and Advertising)* is a classic of the genre. An interesting fact about this image is that a variant appeared on page two of that book. But that version, which was used as an advertisement, was Modern in every sense, through its employment of graphic arts, color, and technique. This pictorialistic version makes Worth Perfume into a lasting monument.

102, 106 Olga Máté is one of the most interesting figures in the formative years of Hungarian photography. After studying with Rudolf Dührkoop, Máté quickly broke with the dry and empty academic style of studio portraiture. She initiated a new photographic vitality in the portraits of contemporary intellectuals, members of early women's rights groups, and anonymous children. Then, before turning sixty, Máté retired from her studio, leaving it to Ferenc Haár, to turn radically away from her earlier style. At this point she began creating very modern still lifes, of which these two photographs are examples, as well as landscapes and cityscapes.

104 Kerny began working as a photographer for *Nemzeti Sport (National Sports)* in 1920. Soon after he was in charge of the sports section of *Szinházi Élet (Theater Life)*. The three years Kearny spent covering sports events led to a great number of images that appeared regularly in contemporary German, Polish, and Swedish sports publications. *High-Jumper*, which dates from this period, is an artistic version of an image deriving from his sports reporting work.

105 This is more or less the image of a photographer of the period. As the picture suggests, behind the serious look and the respectable beard and mustache lies an inventive and playful spirit.

107 Vydareny worked with a limited range of elements to make this photograph: a glass cheese cover, a little bit of water, and paper for the background did the job. With these everyday household objects, Vydareny produced an image replete with enigmatic overtones.

tif, afin d'influencer la représentation de l'appareil par son imagination, sa culture esthétique et son goût artistique, et d'y trouver du plaisir. »

96 « Même en photographie, l'artisan tient au traditionnel, au conventionnel, tandis que l'artiste puise dans le trésor des possibilités artistiques. La réussite de l'expérience dépend de l'instinct du photographe. La seule convention que le photographe moderne reconnaisse, ce sont les directions indiquées par les exigences de l'art moderne. » Un jugement qui convient particulièrement à Pécsi.

97 Kassák est le pape du modernisme en Hongrie. Ses tableaux, ses photographies, ses poèmes, ses romans, ses manifestes, ses collages et les revues artistiques qu'il publiait sont des éléments fondateurs de l'avant-garde de l'époque. C'est rue Dorottya, dans l'atelier de Pécsi, qu'il a posé pour une cette image publicitaire.

98 Flóra Korb était l'un des modèles préférés de Pécsi. Cette jeune femme a posé devant son appareil pour son vingt-quatrième anniversaire, le jour même de son retour de l'école de danse d'Olga Westphal à Munich. Elle allait devenir une grande danseuse classique.

99. 103 On voit sous ces photographies la signature du fils, au crayon. Mais si l'on regarde de plus près, on remarque dans le coin inférieur droit de l'une des images le sceau du père. Une image, deux noms et pourtant ce n'est pas du plagiat. Père et fils, maître et élève. Quelle est au juste sur ces photographies la part du père, expérimenté et largement consacré mais déjà malade, et celle de son très talentueux fils ?

100 Voici un journal dans une photographie de Pécsi : la une du 27 janvier 1927 d'un quotidien politique très en vogue à cette époque. On peut y lire que le ministre Bud a présenté au Parlement son projet de revalorisation de l'allocation accordée aux orphelins de guerre. Près d'un siècle nous sépare de la Première Guerre mondiale, plus personne ne se rappelle qui était cet homme et au nom de quel ministère il s'exprimait, et il n'y a plus de bouteilles d'eau de Seltz... Mais cette photographie, elle, existe bel et bien, et produit toujours son effet.

101 Pour le vingtième anniversaire de la mort de József Pécsi, une plaque fut apposée sur le mur de son atelier à Budapest, rappelant qu'« il avait fait de la photographie publicitaire un art ». Son livre *Photo und Publizität* (*Photo et publicité*) est fondateur. Cette image est intéressante parce qu'une variante en est parue en page 2 de couverture de ce livre, toujours comme publicité pour Worth. Variante moderne à tous points de vue — graphisme, couleurs, technique —, alors que l'autre est encore

l'œuvre d'un grand maître du pictorialisme. Il a érigé un véritable monument au parfum à travers cette photographie de grand format obtenue par un « procédé noble ».

102. 106 Femme étrange, photographe étrange. Olga Máté, élève de Dührkoop, rompt très tôt avec le style académique et vide du portrait d'atelier ; dans un esprit tout nouveau, elle réalise des portraits de savants célèbres de son époque, de membres des premières associations d'émancipation de la femme, d'enfants anonymes. Elle n'a pas soixante ans quand elle prend sa retraite, cède son atelier à Ferenc Haár et, rompant radicalement avec son ancien style, commence à photographier dans une approche très moderne des natures mortes telles que celles-ci, des paysages, des villes.

104 L'auteur de cette image, István Kerny, fut, à partir de 1920, correspondant de *Nemzeti Sport* (*Le Sport national*), puis chargé de la rubrique sportive de *Szinházi Élet* (*La Vie théâtrale*) ; il passa alors presque trois ans aux abords des stades, l'appareil photographique vissé à l'œil. Ses images furent régulièrement publiées dans les journaux sportifs allemands, polonais et suédois de l'époque. La photographie intitulée *Saut en hauteur*, réalisée à cette époque, est une version artistique de son travail de reporter sportif.

105 Voici à quoi ressemblait un photographe à cette époque-là. Mais derrière le regard sérieux, la moustache et la barbe imposant le respect se cache un homme espiègle, comme la photographie le montre aussi...

107 Le photographe a eu besoin de relativement peu d'accessoires pour cette photographie : une cloche à fromage, un peu d'eau et du papier pour l'arrière-plan. Ce sont tous des objets courants, auxquels cette image confère une beauté épurée.

108 Le journal politique sur lequel est posé le plateau a été fondé en mars 1850, à une époque où Talbot, Hill et Adamson ainsi que Nadar, leur aîné, se tenaient encore derrière leurs appareils photographiques. Sur cette photographie, le titre existe depuis quatre-vingts ans, une longue période au cours de laquelle il a rendu compte des événements décisifs de l'Histoire. Cependant, mis au service d'une composition artistique, il n'est plus rien qu'un accessoire que le photographe a placé sous le plateau d'argent, de biais, de manière à ce qu'il occupe le tiers central de l'image...

109 Ceux qui connaissent ou possèdent l'ouvrage *Photo und Publizität* retrouveront cette photographie à la planche XXX, sous le titre *Autolampen-Reklame*. Mais

108 The newspaper on which the tray sits was founded in 1850, back when William Henry Fox-Talbot, Nadar, and David-Octavius Hill, of Hill and Adamson were still active. When the photograph was made, this newspaper had been reporting on and analyzing historical events for ninety years. Here it serves compositionally. It has become an accessory, set at an angle beneath the silver platter, setting off the play of angles and lines and the strong contrast of tones, and occupying the central third of the image.

109 This photograph appears as plate XXX in József Pécsi's influential *Photo und Publizität*. There it is entitled *Autolampen-Reklame*. But this is more than a simple advertisement. Its composition, lighting, and the positioning of its elements reveal the beauty of the light bulbs as objects.

110 -111 This image bears witness to Pésci's courage in throwing everything he knew and practiced to the wind: more than twenty years worth of successful portrait photography. The drama evoked simply by a table, three people's hands and the place settings is silently compelling. Written in 1947, Béla Hamvas's description of aesthetic accomplishment perfectly describes the force of this silent epic. "A chef-d'œuvre is a work one cannot get away from. As the achievement of an irrepressible passion of communication, it gives speech to what was silent."

112 This Pécsi's photograph clearly indicates the artist's sensibility and the swiftness with which he reacted to changing styles and trends. It shows how an artist must demonstrate proof of his or her cultural and aesthetic priorities, and at the same time remain open to new developments, in order to avoid stagnation and self-duplicating tendencies. In 1929, at the height of New Objectivism, Pécsi revealed this perspective on the state of the art: "How describe modern photography? It keeps away from pictorialist poses and mood photography. The photographic lens has rediscovered its true objective. The watchword of the day is natural objectivity."

113 Budapest's older residents will recall this open-air dairy bar at the foot of the Margit Island water tower. In this image from the 1930s one can see that most of the seats are taken and business is doing well. Balogh climbed to the first balcony of the tower and held his camera nearly straight out to get this shot. The photograph presents an appealing mix of older and more modern techniques and perspectives, as well as an interesting example of Balogh's highly varied output.

114 The city of Arad (now part of Rumania) was a bastion of Hungarian pictorialism at the time when the nineteenth century turned to the twentieth. The members of the Arad camera club, which included Márton Matusik, Baron László Bohus and Jacques Faix, were among the country's most eminent pictorialists. Although one would think he was French by his name, Faix was a native of Hungary. Professionally, he was a piano manufacturer. But as an amateur photographer his influence was large, and he did much to aid the diffusion and disseminate the savoir-faire behind the technical photographic aspects of pictorialist techniques. Unfortunately, most of his photographs have been lost.

115 The little boy in this picture, taken nearly seventy years ago, is the photographer's son. He is still alive at the time this is being written.

117 The same photographer, the same camera, the same location, but oh what a difference between this and Schermann's other views of the Danube! Many Hungarian photographers who had abandoned pictorialism years earlier went back to it briefly during this decade.

118 The large maritime company Cunard commissioned Pécsi, and he accordingly embarked on four cruises aboard the Saturnia and the Oceania. Each voyage set out from Trieste, stopping at several Mediterranean ports. This photograph was taken during one of these cruises. An excellent advertisement, this picture has outlived both its creator and the ships on which he sailed.

119 Rozika Balázs was born in Nagyvárad (now Oradea, Rumania), and studied at the Paris Fashion Institute, before beginning to work for Chanel. But after two months she left this position "for reasons of the heart." Back in Hungary, Balázs studied calligraphy with Sándor Bortnyik. This beautiful and cultivated woman made a strong impression on József Pécsi, who married her a few years before this picture was taken. Rozika Balázs was a modern woman; she smoked, her hair was cut short *à la française*, and in this image (not an unimportant detail) she is sitting on a Marcel Breuer chair.

Károly Kincses

plus qu'une simple image publicitaire, cette composition prouve que, bien éclairées, bien agencées, ces trois ampoules électriques sont en elles-mêmes de beaux objets.

110-111 Avec cette image, Pécsi a eu le courage de jeter aux orties tout ce qu'il avait appris et qu'il pratiquait depuis une bonne vingtaine d'années avec succès : le portrait. Il y a là simplement une table, des couverts, les mains de trois personnes, et pourtant une sorte de drame, d'histoire silencieuse se déroule dans cette photographie. Une histoire qui pourrait être commentée par ces mots de Béla Hamvas, écrits en 1947 : « Un chef-d'œuvre est une œuvre à laquelle on ne peut se soustraire. Un chef-d'œuvre est l'aboutissement de la passion irrépressible de communication de l'homme, et il a été réalisé pour faire parler les muets. »

112 Cette image de József Pécsi montre clairement la sensibilité de l'artiste, sa rapidité de réaction aux différents styles et courants. Elle démontre que, pour ne jamais risquer de s'auto-imiter, un artiste doit non seulement faire preuve de culture et maîtriser les techniques de son art, mais aussi savoir s'ouvrir aux nouvelles tendances. Dans un entretien de 1929, Pécsi résume ainsi son point de vue : « Qu'est-ce qui caractérise la photographie moderne ? La prise de distance avec les poses pictorialistes et les photographies d'ambiance. L'objectif photographique retrouve ses droits. Le mot d'ordre est : naturel et objectivité. »

113 Seuls les Budapestois d'un certain âge peuvent se rappeler cette crémerie en plein air au pied du château d'eau de l'île Margit, dans les années trente. Comme on le voit sur l'image, la plupart des places sont occupées, les affaires marchent bien. Le photographe qui, malgré toutes ses qualités, ne peut être vraiment qualifié de moderne, est monté sur le premier balcon du château d'eau pour orienter son appareil vers le bas, presque à la verticale. Ce cliché est comme un incident de parcours dans l'œuvre multiforme de Balogh.

114 Au tournant du XXᵉ siècle, Arad (aujourd'hui en Roumanie) était l'une des citadelles de la photographie pictorialiste hongroise. Sans Márton Matusik, le baron László Bohus, Jacques Faix et les membres du photo-club de cette ville, l'histoire de la photographie pictorialiste hongroise serait très incomplète. Facteur de pianos dans la vie professionnelle, Faix, qui n'est français que de nom, était un photographe amateur. Il excella dans le développement artistique des photographies et œuvra beaucoup pour la vulgarisation des procédés. La plupart de ses photographies ont malheureusement disparu.

115 L'enfant qui figure sur cette photographie, prise il y a soixante-neuf ans, est le fils du photographe. Il est encore en vie aujourd'hui, et âgé de quatre-vingts ans : la photographie jette ainsi un pont entre le passé et le présent.

117 Le même auteur, le même appareil, le même endroit et pourtant comme la photographie est différente des autres vues du Danube réalisées par Schermann ! Comme lui, la majeure partie des photographes hongrois, abandonnant les traits caractéristiques du pictorialisme, se sont renouvelés durant cette décennie.

118 La grande compagnie maritime Cunard commanda à József Pécsi des photographies publicitaires. Il fit quatre croisières sur le *Saturnia* et l'*Oceania*. Il partit à chaque fois de Trieste, avec plusieurs escales autour de la mer Méditerranée, et débarqua à Gibraltar. C'est au cours de l'un de ces voyages que cette photographie a été prise. Une excellente publicité qui a survécu aux personnes, à l'auteur, au bateau et à la compagnie...

119 Élève d'un institut de mode à Paris, Rozika Balázs, une jeune fille de Nagyvárad (aujourd'hui Oradea, en Roumanie), décroche un emploi chez Chanel mais rentre au pays au bout de deux mois parce qu'elle est « très amoureuse ». Elle apprend la calligraphie chez Sándor Bortnyik. Cette femme très cultivée et fort belle a sans doute influencé l'art de József Pécsi, qu'elle a épousé quelques années avant que cette photographie ne soit prise. Rozika Balázs était une femme moderne : elle fumait, ses cheveux étaient coupés court, à la mode française, et sur cette image réalisée dans l'atelier de Pécsi, elle est assise, détail significatif, dans un fauteuil de Marcel Breuer...

Károly Kincses

Biographies

Angelo [Pál Funk] (Budapest, 1894 –1974). Born into a family of Italian artists, Angelo studied painting in Carl Bauer's Munich academy, then became an assistant in the Dührkoop studio in Hamburg before going on to work for Nicola Perscheid in Berlin, Charles Reutlinger in Paris, and finally for Aladár Székely in Budapest. In 1919 Angelo opened his own Budapest workshop, followed by two others in Nice and The Hague. A highly sought-after society portrait photographer, Angelo photographed over 450,000 sitters, among them Charlie Chaplin, Josephine Baker, Nijinski, Isadora Duncan, Picasso and Béla Bartók. He lectured on the aesthetics of Modernist, nude, and portrait photography, and published a number of articles in the field. His early pictorialist style gave way to a penchant for special effects obtained with distorting lenses and lab manipulations. This tendency was in turn succeeded by a more objective Modernist approach. Towards the end of his life, Angelo explored the depiction of surreal visions.

Rudolf Balogh (Budapest, 1879 –1944). Balogh studied at the Vienna *Höhere Graphische Lehr- und Versuchanstalt* (Institute for the Teaching and Research of Graphics). In 1902, he became a photojournalist for *Vasárnapi Újság (The Sunday Journal)*. Balogh showed his work regularly in art photography exhibitions, and gained a reputation with his urban night scenes. During World War I, Balogh was a war correspondent in the Austro-Hungarian army on the Eastern Front. He took over ten thousand combat photographs. As a reporter for *Pesti Napló (Pest Journal)* from 1920 to 1935, Balogh strongly influenced an entire generation, including Károly Escher, Lucien Aigner and Márton Munkácsi. His favorite theme was rural Hungary, from landscape to genre scenes to animals, and the seasonal metamorphoses of nature. As the best-known Hungarian photographer of his time, Balogh played a major role in the development of the Magyar-language press. He began editing *A Fény (The Light)* in 1911, and in 1914 founded the magazine *Fotómûvészet (Art Photography)*. A bomb destroyed the majority of his work in 1944. What remains is now primarily in the collection of the Hungarian Museum of Photography.

Divald family Károly Divald (Selmecbánya, 1830 – Budapest, 1897), the founder of this photographic dynasty, started out as a pharmacist before becoming a pioneer of Hungarian photography in the areas of landscape and city views, as well as in photographic reproduction. Károly Divald used the wet collodion process to take pictures in the High Tatra range of the central Carpathian Mountains. With his son, also named Károly (Tátrafüred, 1858 – Budapest, 1942), Divald opened his first phototype studio in Eperjes.

Károly junior had studied the process in 1878 in Munich. In November of 1890 the aging Divald celebrated his thirtieth year in photography by dividing his workshops and business concerns among his sons. Lajos Divald (Bártfa, 1861 – Eperjes, 1931) inherited the Eperjes studio, Adolf (Bártfafürdő, 186? – Bártfa, c. 1931), was given the Bártfafürdő workshop and landscape reproduction shop, and Károly junior took over business in Budapest. The youngest son, Kornél (Eperjes, 1872 – Budapest, 1931), an art historian, photographed the ruins of medieval monuments in present-day Slovakia. The Divald family includes five generations of illustrious Slovakian and Hungarian photographers, some of whom are still producing interesting work today.

Mór Erdélyi (Érsekújvár, 1866 – Budapest, 1934). Mór Erdélyi opened this first workshop in Budapest at the age of twenty-two. He went on to become a court photographer for the Austrian imperial family and the Hungarian monarchy. He also worked in the service of the German emperor and the king of Prussia. Members of the aristocracy sat for Erdélyi in his studio. Erdélyi worked on several extensive series of views of Hungary, monuments throughout the world, endangered species of animals, and famous people. These images were conceived to be projected in elementary schools for the education of children in remote areas of Hungary. In his capacity as government advisor and president of the National Photographers' Society of Hungary, Erdélyi undertook an exhaustive photographic documentation of Budapest. He went to even the poorest, most dilapidated districts where, despite great technical difficulties, he produced outstanding photographs which earn him the right to be considered a pioneer of photojournalism. Unfortunately, of the roughly 150,000 photographs of Hungary that comprised Erdélyi's archives, very few remain extant today.

Károly Escher (Szekszárd, 1890 – Budapest, 1966). Escher apprenticed as a metal worker, then worked as an industrial designer before becoming a cameraman in 1919 for *Vörös Film Riport*, the reporting division of *Red Film*. He went on to serve as a cameraman for several Hungarian films. In 1927, at the urging of Rudolf Balogh, Escher took up photojournalism for *Est Lapok (Evening Paper)* where, along with Márton Munkácsi's, Escher's photographs cover a half-century of Hungarian history. The subjects of his humanistic portraits range from forgotten figures to such major creative personalities as Walter Gropius, Pablo Casals, Thomas Mann, Zoltán Kodály and Béla Bartók. In the 1930s, Escher's work contributed to make the picture as important as the written word in the Hungarian press. He was one of the first photographers to abandon static, neat images in favor of blurred action shots. Stylistically, his career developed from artistic pictorialism to independent photojournalism.

Biographies

Angelo (Pál Funk, dit) (Budapest, 1894 – 1974). Issu d'une famille d'artistes italiens, il suivit en 1910 des cours à l'école de peinture de Carl Bauer à Munich, puis devint assistant dans l'atelier de Dührkoop à Hambourg, avant d'entrer successivement chez Nicola Perscheid à Berlin, chez Reutlinger à Paris et chez Aladár Székely à Budapest. En 1919, il ouvrit un atelier à Budapest, puis deux autres à Nice et à La Haye. Considéré comme le photographe attitré d'une certaine société, il reçut dans ses studios quelque quatre cent cinquante mille personnes, parmi lesquelles Charles Chaplin, Joséphine Baker, Nijinski, Isadora Duncan, Picasso ou Béla Bartók. Il donna des conférences sur l'esthétique de la photographie moderne, le portrait et le nu, et publia des articles spécialisés. Il travailla au début de sa carrière dans le style pictorialiste ; plus tard il utilisa les possibilités qu'offraient les lentilles déformantes et les manipulations en laboratoire, et suivit ensuite l'orientation plus objective de la photographie moderne. Vers la fin de sa vie, il privilégia une vision surréaliste, celle du microcosme que révèle le dessin étrange de la matière.

Rudolf Balogh (Budapest, 1879 – 1944). Élève à Vienne de la *Höhere Graphische Lehr- und Versuchanstalt* (Institut supérieur d'enseignement et de recherche graphique), il devint en 1902 photoreporter au *Vasárnapi Ujság* (*Journal du dimanche*). Participant régulièrement aux expositions de photographies d'art, il acquit une certaine renommée avec ses paysages urbains nocturnes. Pendant la Première Guerre mondiale, il fut correspondant de guerre de l'armée austro-hongroise sur tous les fronts de l'Est et prit plus de dix mille photographies de combats. À partir de 1920, il devint pour quinze ans reporter au *Pesti Napló* (*Journal de Pest*) et forma toute une génération d'artistes, dont Károly Escher, Lucien Aigner, Márton Munkácsi. Ses thèmes de prédilection étaient la Hongrie rurale — paysages, scènes de genre, animaux — et les métamorphoses de la nature au fil des saisons. Devenu le plus célèbre des photographes de son pays, il joua un rôle important dans le développement de la presse spécialisée en langue hongroise : rédacteur de *A Fény* (*La Lumière*) à partir de 1911, il fonda en 1914 la revue *Fotómûvészet* (*L'Art photographique*). En 1944, une bombe anéantit une grande partie de son œuvre ; l'essentiel de ce qui a pu être sauvé se trouve actuellement au musée hongrois de la Photographie.

La famille Divald Le fondateur de cette dynastie de photographes, Károly Divald (Selmecbánya, 1830 – Budapest, 1897), était pharmacien avant de devenir photographe et de s'imposer comme l'un des pionniers de la photographie hongroise de paysage et de ville, ainsi que dans le domaine de la reproduction. Utilisant le procédé au collodion humide, il photographia les sites célèbres des Hautes Tatras. Il fonda en 1878, à Eperjes, le premier atelier de phototypie avec son fils, également prénommé Károly (Tátrafüred, 1858 – Budapest, 1942), qui avait étudié ce procédé à Munich. En novembre 1890, Károly Divald père, vieillissant, fêtait ses trente ans de photographie et cédait à ses fils ses ateliers et ses entreprises. Lajos Divald (Bártfa, 1861 – Eperjes, 1931) reçut l'atelier de phototypie d'Eperjes ; Adolf (Bártfafürdõ, 186? – Bártfa, vers 1931), l'atelier de Bártfafürdõ et la boutique de reproduction de paysages ; Károly fils, les affaires de Budapest ; enfin Kornél (Eperjes, 1872 – Budapest, 1931), historien de l'art, photographia les vestiges et monuments médiévaux de l'actuelle Slovaquie. Cette famille a déjà donné cinq générations de photographes qui comptent parmi les plus illustres de Slovaquie et de Hongrie.

Mór Erdélyi (Érsekújvár, 1866 – Budapest, 1934). À vingt-deux ans, il ouvrit son premier atelier à Budapest. Photographe de la cour impériale d'Autriche et de la cour royale de Hongrie, fournisseur de Sa Majesté l'empereur allemand et roi de Prusse, il photographia dans son atelier les membres de l'aristocratie. Il réalisa, pour les écoles élémentaires, des séries thématiques de diapositives sur la Hongrie, sur les sites remarquables du globe, les animaux les plus rares, les hommes célèbres, destinées à être projetées aux enfants des campagnes isolées. Jouissant d'une solide réputation professionnelle, conseiller d'État et président de la Société nationale des photographes de Hongrie, il décida un jour de photographier la capitale et le pays tout entier. Il se rendit dans les quartiers les plus pauvres de Budapest, comme celui de Tabán ; parmi des maisons centenaires délabrées et au prix de grandes difficultés techniques, il réalisa des photographies qui lui doivent d'être considéré comme l'un des pionniers du reportage photographique. Il ne reste que fort peu des quelque cent cinquante mille images de la Hongrie que contenaient ses archives.

Károly Escher (Szekszárd, 1890 – Budapest, 1966). D'abord apprenti ajusteur, puis dessinateur industriel, il devint en 1919 opérateur à *Vörös Film Riport* (section reportage du « Film rouge »). Il réalisa ensuite le même travail pour plusieurs fictions cinématographiques hongroises. En 1927, sur la recommandation de Rudolf Balogh, il devint photoreporter à *Est Lapok* (*Feuilles du soir*) avec Márton Munkácsi. Ses photographies évoquent un demi-siècle d'histoire hongroise, des personnages inconnus ou célèbres, comme Walter Gropius, Pablo Casals, Thomas Mann, Zoltan Kodály et Béla Bartók. Chacune témoigne de son humanisme. Dans les années trente, son travail contribua largement à donner aux images la même importance qu'au texte dans la presse hongroise. Il fut parmi les premiers à utiliser le flou dynamique, s'opposant aux rédacteurs habitués aux photos très nettes mais statiques. Sa carrière, commencée avec la photographie d'art pictorialiste, s'acheva avec le photoreportage indépendant.

Jacques Faix (Arad, 1870 – 1950). A piano maker by profession, Jacques Faix was an amateur who became one of the foremost representatives of pictorialism in Hungary. He gave lectures on gum and carbon photographic processes for the general public, and took part in a great many exhibitions in the 1920s. As one of the directors of the Arad Camera Club, Faix was responsible for broadening interest in amateur photography. Following the Trianon Treaty of 1919, Arad became part of Romania, and Faix lost the public venue in which his work was mainly seen. Some of Faix's prints and negatives are in the collection of the Hungarian Museum of Photography.

Oszkár Kallós (New York, 1875 – Budapest, 1955). Oszkár Kallós's photographs stand as a chronicle of aristocratic life. He specialized in scenes of racing, hunting, and other high society events. Kallós maintained more than one studio, but is also considered one of the first Hungarian photo-journalists. His pictures appeared regularly in the press of the time. When a group of photojournalists established a division within the Budapest Photographers' Guild in 1927 Kallós became its vice-president. He amassed a tremendous private collection of Hungarian photographs, and his former home and workshop stand as museums today.

István Kerny (Szeged, 1879 – Budapest, 1963). For forty years, from 1897 to 1937, István Kerny was a postal worker, ending his career in a management position. Kerny began taking photographs in 1873, learning on his own as he went along. His pictures began to appear in the Hungarian and foreign press in 1914. In the 1920s, Kerny took pictures of villages, country life, and traditional dress, becoming a founder of what is known as the Hungarian Style of photography. Over a sixty-year period, Kerny produced countless photographs, using the greatest variety of techniques, from artistic processes, to photomechanical reproduction, to the autochrome plates invented by the Lumière brothers. Kerny was among the founders of the Hungarian Museum of Photography. The works he accumulated were, however, destroyed during World War II.

György Klösz (Darmstadt, 1844 – Budapest, 1913). After studying to be a pharmacist, then spending time in Vienna, György Klösz set up as a photographer in Budapest. By 1867 he had more than one photography studio. After 1875 Klösz concentrated on photomechanical processes and printing techniques, including photolithography, collodion phototypes, autography, and zincography. Step by step, Klösz's pictures chart the growth of Budapest into an international metropolis, with images of extensive construction work as well as urban catastrophes such as floods and fires. Klösz also took pictures of all the castles in Hungary. His work is considered to be for Hungary what Atget's work represents for France.

Erzsébet Landau (Budapest, 1896 – Paris, 1967). Erzsébet Landau came from a family of well-off merchants. She began taking photographs in 1918, studying with Olga Máté. In 1919, Landau continued her studies first with Franz Xaver Salzer in Vienna, and then with Rudolf Dührkoop in Berlin. Her early photographs are in the pictorialist mode. In 1923, going by the name Ergy Landau, she opened a workshop in Paris, which soon became a meeting place for artists, intellectuals, and Hungarian emigrants. Landau's work in the New Objectivist style is characterized by contrasting shapes and colors, and dynamic composition. Her best-known photographs are nudes, which began to appear in French reviews in 1931. Among those Landau worked with were Ylla and Nora Dumas, both of Hungarian origin.

Olga Máté (Szigetvár, 1878 – Budapest, 1965). Olga Máté opened her first photography studio in Buda at the age of 21, and studied with Rudolf Dührkoop in Hamburg between 1907 and 1908. She began contributing photographs to issues of the magazine *A Fény* in 1911. She photographed many turn-of-the-century progressive intellectuals in her studio, producing portraits in keeping with the conventions of pictorialist codes. Her studio became a gathering place for the free thinkers of Budapest. Literary and philosophical questions were debated there. While a past master in artistic photography techniques, including bromoil and pigment processes, Máté displayed new stylistic tendencies in her work after the late 1920s.

József Pécsi (Budapest, 1889 – 1956). József Pécsi's work began with pictorialist portraits, and expanded into a more Modernist vocabulary. His photographs, whose subject matter ranged from landscape to advertising and fashion photography, show the influence of the New Objectivist movement, and his still-lifes and avant-garde nudes, have successfully withstood the test of time. From 1909 to 1911, Pécsi studied at the Munich Photography Academy, where he won the Dührkoop Prize, Germany's highest honor for photographic technique. Pécsi went on to build a highly distinguished international reputation. In 1911 he opened his first Budapest workshop, where he instructed a great number of students. Pécsi was a pioneer in putting together works of advertising photography and collections of nudes. The first book of advertising photographs, as well as the first published collection of nudes, were done by Pécsi. Pécsi joined Modernist-type images with artistic processing, and was highly esteemed by his contemporaries, who elected him vice-president of the Budapest Photographers' Guild. In 1932 Pécsi was awarded the highest honor in the area of artistic photography, the

Jacques Faix (Arad, 1870 – 1950). Cet amateur, facteur de piano de profession, deviendra l'une des figures de proue du style pictorialiste. Il excella autant dans la photographie artistique que dans la vulgarisation des procédés. Outre ses conférences sur les procédés à la gomme ou au charbon, sur les différentes techniques de laboratoire, il participa à d'innombrables expositions jusque dans les années vingt. Membre de la direction du photo-club d'Arad, il contribua à l'essor local de la photographie d'amateur. Avec le traité de Trianon en 1919, Arad devint du jour au lendemain une ville roumaine, et Faix, dans cette situation difficile, ne fit plus de photos que « pour le tiroir ». Une partie de ses tirages et de ses négatifs est conservée au musée hongrois de la Photographie.

Oszkár Kallós (New York, 1875 – Budapest, 1955). Photographe des cours, il fut le chroniqueur fidèle de l'aristocratie, des chasses, des événements mondains. Il avait des ateliers fixes, mais est considéré aussi comme l'un des premiers photoreporters hongrois, et ses travaux paraissaient régulièrement dans la presse de l'époque. Vice-président du groupe des photoreporters formé en 1927 au sein de la Corporation des photographes de Budapest, il constitua la première collection privée de photographies de Hongrie ; sa maison et son atelier sont de véritables musées.

István Kerny (Szeged, 1879 – Budapest, 1963). De 1897 à 1937, il travailla à la Poste où il finit sa carrière comme directeur technique. Il commença à faire des photos dès 1873, découvrant en autodidacte les rudiments de la technique. À partir de 1914, ses clichés parurent dans la presse hongroise et étrangère. Dans les années vingt, il réalisa de nombreux reportages sportifs ; il photographia aussi les villages, des scènes de la vie rurale, des personnages en costumes traditionnels, devenant l'un des fondateurs du « style hongrois ». Il photographia sans relâche pendant une soixantaine d'années, pratiquant presque toutes les techniques, depuis les innombrables procédés « nobles » jusqu'à la reproduction photomécanique et à l'autochrome des frères Lumière. Il fut l'un des fondateurs du musée hongrois de la Photographie, mais l'ensemble qu'il avait réuni a été détruit durant la Seconde Guerre mondiale.

György Klösz (Darmstadt, 1844 – Budapest, 1913). Le jeune Georg Kloess, après des études de pharmacie, puis un séjour à Vienne, s'installa comme photographe à Budapest sous le nom de György Klösz. Dès 1867, il posséda des ateliers indépendants. À partir de 1875, il se consacra aux procédés photomécaniques, puis aux techniques de tirage, réalisant des photolithographies, des phototypies, des autographies et des zincographies. Grâce à ses images, nous voyons Budapest devenir étape par étape une métropole internationale, avec les grands chantiers témoignant d'une urbanisation d'envergure. Il a montré aussi les inondations, les incendies, et a photographié tous les châteaux de Hongrie. Son œuvre est comparée en Hongrie à celle du photographe français Atget.

Erzsébet Landau (Budapest, 1896 – Paris, 1967). Issue d'une famille de commerçants aisés, elle s'initia à la photographie en 1918, étudia auprès d'Olga Máté, puis, en 1919, approfondit ses connaissances chez Franz Xaver Salzer à Vienne et chez Rudolf Dührkoop à Berlin. Sa jeunesse en Hongrie fut placée sous le signe du pictorialisme. En 1923, elle s'installa définitivement à Paris où, sous le nom d'Ergy Landau, elle ouvrit un atelier qui devint rapidement un lieu de rencontre d'artistes, d'intellectuels et d'émigrés hongrois. Ses photos réalisées dans le cadre de la Nouvelle Objectivité se caractérisent par leurs contrastes de formes et de couleurs, leurs compositions dynamiques. Les images les plus significatives de son œuvre sont des nus qui, à partir de 1931, paraissent dans des revues françaises. On compte parmi ses collaboratrices Ylla et Nora Dumas, toutes deux d'origine hongroise.

Olga Máté (Szigetvár, 1878 – Budapest, 1965). Elle ouvrit son premier atelier à l'âge de 21 ans à Buda, et se perfectionna auprès de Rudolf Dührkoop en 1907 et 1908. En 1911, elle devint collaboratrice de la revue *A Fény*. Son atelier, où elle photographia des intellectuels progressistes du tournant du siècle selon les conventions du portrait pictorialiste, était aussi l'un des plus remarquables salons de libres penseurs de Budapest, et des débats littéraires et philosophiques s'y tenaient. Bien qu'elle maîtrisât parfaitement les techniques « nobles », en particulier le bromoil et les procédés pigmentaires, elle s'orienta à la fin des années vingt vers la nouvelle tendance stylistique.

József Pécsi (Budapest, 1889 – 1956). Ses portraits pictorialistes, puis dans le nouveau style, ses paysages, ses photographies publicitaires et de mode intégrant les acquis de la Nouvelle Objectivité, ses natures mortes, ses nus d'avant-garde, ont tous passé avec succès l'épreuve du temps et ont fait école. De 1909 à 1911, il étudia à l'Académie de photographie de Munich où il obtint la plus haute distinction dans le domaine de la technique, le prix Dührkoop. Dès lors, ses photos furent connues dans le monde entier et il reçut les récompenses les plus prestigieuses. En 1911, il ouvrit son premier atelier à Budapest, où il eut toujours beaucoup d'élèves. Son nom est lié à la parution du premier livre publicitaire, du premier recueil de nus. Tout en faisant d'admirables images dans l'esprit du nouveau style, il pratiqua en maître les procédés « nobles ». Hautement estimé par ses contemporains, élu vice-président de la Corporation des photographes de Budapest, il obtint en 1932 la plus haute distinction artisanale, la « Couronne d'or ». Son atelier fut détruit en 1944 ; après la guerre, il vécut en réalisant dans son appartement des photos d'identité et des portraits.

"Golden Crown." His studio was destroyed during the 1944 World War II offensive. After the war, he eked out a living from identity photographs and portraits which he made in his apartment.

Dénes Rónai (Gyula, 1875 – Budapest, 1964). Rónai learned how to use a camera from an itinerant photographer. Starting in 1892, he went on to study in several top Budapest studios, then in Vienna and Munich, and finally in Hamburg, in the workshop of Rudolf Dührkoop. Rónai worked for Nadar in Paris, and was a member of the French photojournalists' union. He was taught cinematography by the Lumière brothers before returning from France to Hungary in 1910, where he opened a studio that instantly became a favored meeting place for artists. The Hungarian avant-garde showed their art there. Rónai experimented with new photographic processes and papers, including albumen matte prints, galvinoplasty, heliography, and others. In the 1930s Rónai's work appeared regularly in photography magazines. He lectured and published articles on photography during this time. In 1945 a bomb destroyed Rónai's studio and a portion of his invaluable collections and archives.

József Schermann (1886 – Budapest, 1960). József Schermann was an amateur photographer who earned his living in banking. He was known for specializing in small format photography using artistic processing techniques. Among these were silver darkroom prints, paper negatives, and the contact prints made from them. Schermann was active in the amateur photography movement, and a member of the editorial board of *Fotóművészeti Hírek (Photographic Inforamtion)*. He began showing his work in 1908, and went on to take part in over a hundred exhibitions in Hungary and abroad.

Aladár Székely (Gyula, 1870 – Budapest, 1940). Aladár Székely worked as an assistant in the studios of several prestigious Budapest photographers before opening his own studio there in 1906. In the company of his cousin Dénes Rónai, Székely set out on a journey to study in photography studios in Germany, first in Hugo Erfuhrt's Dresden workshop, then with Nicola Perscheid in Berlin. Székely met Rudolf Dührkoop and came under the influence of Erwin Raupp. In Budapest, Székely's portraits of aritsts, writers, and high society figures earned him the reputation of a chronicler of the Hungarian turn of the century renaissance in the arts. Székely eschewed traditional portraiture accessories and décor, to focus on the hands and face. His series of portraits of Ady (1908-1909) stands out in the history of Hungarian portrait photography. Published in the winter of 1915, Székely's book of forty photgraphs entitled *Írók és Művészek (Writers and Artists)* remains one of the most outstanding books of portraits published in Hungary. Székely's genre scenes, made using artistic processes, are well-known and highly valued.

László A. Székely (Budapest, 1910 - Voronej, 1943). László A. Székely ran the photography studio of his father, Aladár Székely, during the latter's illness and after his death. László A. Székely was primarily a painter, and worked in photography to support himself and help his family. Still, by 1939 he headed the Hungarian National Association of Young Artisan Photographers, before being sent to forced labor in the Ukraine. He did not live to return to his native country. László A. Székely's name is engraved on his parents' tombstone in Budapest. Nobody knows which individual photographs he took, aside from a handful of artistic compositions made for exhibitions. László A. Székely's photographs are primarily part of his family legacy, under the Székely studio name.

Iván Vydareny (Verbó, 1887 - Budapest, 1982). Vydareny earned a degree in engineering, and worked throughout his lifetime as an architect. He took his first photographs while in high school, and acquired basic photography skills in his father's studio. During World War I, Vydareny worked on a funicular transportation system, and took photographs in intervals between the fighting. Like his watercolors and drawings of the same period, Vydareny's World War I photographs represent the horrors of war and the beauty of mountainous regions. Vydareny became a member of the National Federation of Amateur Photographers in 1910. He published over a hundred articles on the topic, and instructed a great number of amateur photographers through his courses and books. Vydareny was a master of various artistic photographic processes. He was for a long time fascinated by soft image contours, and powder and relief process, which he eludates in his book *Az Atnyomás* (1923).

Károly Kincses

Dénes Rónai (Gyula, 1875 – Budapest, 1964). C'est un photographe ambulant qui lui enseigna son art. À partir de 1892, il perfectionna sa formation dans plusieurs ateliers renommés de Budapest, puis à Vienne et Munich, et enfin à Hambourg, chez Rudolf Dührkoop. À Paris, il travailla chez Nadar, adhéra au syndicat des reporters photographes de France, apprit le métier d'opérateur chez les frères Lumière. Après son retour au pays, en 1910, il ouvrit à Budapest un atelier qui devint rapidement le lieu de rencontre favori des artistes. L'avant-garde hongroise y exposait ses tableaux et ses sculptures. Il expérimenta avec beaucoup d'inventivité les nouveaux procédés et papiers photographiques (tirages mats à l'albumine, galvanoplastie, héliographie, etc.). Dans les années trente, il collabora à des revues spécialisées, tint des conférences et publia de nombreux articles. En 1945, une bombe détruisit son atelier et une partie importante des précieuses collections et archives qu'il abritait.

József Schermann (1886 – Budapest, 1960). Photographe amateur (il était cadre supérieur dans une Caisse d'épargne), il était appelé par la presse de son temps le « maître des petits formats ». Réalisés selon divers procédés « nobles » et très aboutis au niveau artistique, ses travaux connurent un grand succès ; ses images argentiques en chambre noire, ses négatifs sur papier et les contacts réalisés à partir de ceux-ci sont également très connus. Membre actif du mouvement des photographes amateurs, il fut l'un des rédacteurs et éditeurs de *Fotómûvészeti Hírek* (*L'Information photographique*). Après 1908, il participa à une centaine d'expositions en Hongrie et à l'étranger.

Aladár Székely (Gyula, 1870 – Budapest, 1940). Il travailla d'abord comme assistant auprès de photographes renommés puis, en 1906, ouvrit son propre atelier à Budapest. Avec son cousin Dénes Rónai, il entreprit un voyage d'étude en Europe, chez Hugo Erfuhrt à Dresde et chez Nicola Perscheid à Berlin. Il rencontra Rudolf Dührkoop et subit également l'influence du style d'Erwin Raupp. À Budapest, avec ses photographies d'artistes, d'écrivains et de membres de la bonne société, il devint le chroniqueur du renouveau artistique et littéraire au tournant du siècle. Délaissant les accessoires et décors traditionnels, il se concentra sur les visages et les mains. Sa série de portraits d'Ady (1908-1909) est un classique de l'histoire de la photographie hongroise. À Noël 1915 parut son album intitulé *Írók és mûvészek* (« Écrivains et artistes ») ; rassemblant près de quarante clichés, il reste l'un des recueils de portraits les plus remarquables de l'édition hongroise. Ses scènes de genre, réalisées selon les procédés « nobles », sont également célèbres.

László A. Székely (Budapest, 1910 – Voronej, 1943). Il dirigea l'atelier de son père, Aladár Székely, pendant la maladie et après la mort de celui-ci. C'est d'abord un peintre, qui ne pratiqua la photographie que pour des rai-

sons alimentaires. En 1939, il était à la tête de l'Association nationale des jeunes artisans photographes de Hongrie. Enrôlé au service du travail obligatoire en Ukraine, il ne devait plus rentrer dans son pays. Son nom est gravé sur la pierre tombale de ses parents, dans le nouveau cimetière communal de Budapest. Ses photos personnelles ne sont pas toujours identifiables, car il publiait ses images sous le nom de l'atelier de son père. Les seules exceptions sont ses compositions artistiques destinées à des expositions.

Iván Vydareny (Verbó, 1887 – Budapest, 1982). Titulaire d'un diplôme d'ingénieur, il travailla toute sa vie comme architecte. Il réalisa ses premières photographies au lycée, acquérant les rudiments du métier dans l'atelier de son père. Durant la Première Guerre mondiale, il conçoit des réseaux de téléphériques et prend des photos dans les intervalles entre les batailles. Ses clichés, comme les dessins au crayon et les aquarelles qu'il réalise alors, présentent à la fois l'horreur des combats et la beauté des régions de montagne. Membre à partir de 1910 de la Fédération nationale des photographes amateurs, il publia plus de cent articles, et forma de nombreux amateurs grâce à ses cours pratiques et ses livres. Il s'intéressait à l'image floue, et maîtrisait parfaitement les divers procédés « nobles » auxquels il consacra un livre (*Az átnyomás* [*Le Ponçage*], 1923).

Károly Kincses

Crédits photographiques / *Picture credits*:
Musée hongrois de la Photographie, Kecskemét /
Hungarian Museum of Photography, Kecskemét
à l'exception de / *with the exception of*:
p. 19 : Musée Carnavalet / Photothèque des Musées de la Ville de Paris / J. Y. Trocaz
p. 21 : Musée Carnavalet / Photothèque des Musées de la Ville de Paris
p. 23 : B.H.V.P. / reproduction / *reproduced by* ARCP

Traductions / *Translations:*
Du hongrois en français / *Hungarian to French:*
Natalia Zaremba, Charles Zaremba
Du français en anglais / *French to English:*
Stacy Doris, Chet Wiener

Responsable éditoriale / *Editor* : Marlyne Kherlakian
Mise en pages / *Layout* : Hervé Droin
Relecture, corrections / *Copy-editors* :
Philippe Rollet, Christine Schultz-Touge, Jack Liesveld

© Paris-Musées, 2001
Éditions des musées de la Ville de Paris
28, rue Notre-Dame-des-Victoires
75002 Paris
Paris-Musées : ISBN 2-87900-576-0

Vilo Publishing : ISBN 2-84576-042-6

Dépôt légal : août 2001
Tous droits réservés / *All rights reserved*
Imprimé en Italie / *Printed and bound in Italy*

Photogravure / *Photoengraving* : Re.Bus
Achevé d'imprimer en juillet 2001
sur les presses de Re.Bus, La Spezia, Italie
Printed by Re.Bus, La Spezia, Italy